云南大学研究生创新人才培养项目
云南大学省级教学名师培养项目（宏观经济学名师工作室）
云南大学2022年教育教学改革研究项目
联合资助

场外衍生品

理论与应用

马子红　常嘉佳◎著

Over-the-counter Derivatives

Theory and Application

中国经济出版社
CHINA ECONOMIC PUBLISHING HOUSE
北京

图书在版编目(CIP)数据

场外衍生品：理论与应用 / 马子红，常嘉佳著. --
北京：中国经济出版社，2023. 4
ISBN 978-7-5136-6982-5

Ⅰ. ①场… Ⅱ. ①马… ②常… Ⅲ. ①金融衍生产品
Ⅳ. ①F830. 95

中国版本图书馆 CIP 数据核字(2022)第 113821 号

组稿编辑 赵静宜
责任编辑 焦晓云
责任印制 马小宾
封面设计 久品轩

出版发行 中国经济出版社
印 刷 者 北京艾普海德印刷有限公司
经 销 者 各地新华书店
开 本 710mm×1000mm 1/16
印 张 12. 5
字 数 198 千字
版 次 2023 年 4 月第 1 版
印 次 2023 年 4 月第 1 次
定 价 88. 00 元
广告经营许可证 京西工商广字第 8179 号

中国经济出版社 **网址** www. economyph. com **社址** 北京市东城区安定门外大街 58 号 **邮编** 100011
本版图书如存在印装质量问题，请与本社销售中心联系调换(联系电话：010-57512564)

前 言
Preface

综观西方发达国家资本市场，场外证券业务占据着十分重要的市场地位，而场外衍生品又是其中非常重要的组成部分。在以美国和欧元区为代表的成熟市场中，衍生品业务在场外市场的规模远胜于场内市场。场外衍生品在风险管理、资源配置及价格发现等方面都起到了举足轻重的作用。我国的场外衍生品市场起步晚于场内衍生品市场，经过近20年的发展，已取得明显的进步，在资本市场中的影响力日益凸显。

我国衍生品市场诞生于20世纪90年代，最早的业务是商业银行和国有企业之间开展的远期结售汇业务。当时，我国金融改革刚刚起步，国内商业银行普遍缺乏熟悉衍生品交易的专业人才，而外资银行由于专业能力较强成为早期国内场外衍生品市场的重要参与者。当时，我国尚未建立完备的场外衍生品业务制度，外资银行大多以国际互换与衍生品协会（International Swaps and Derivate Association，ISDA）发布的场外衍生品主协议作为交易的基础。步入21世纪，由中国人民银行主导的我国银行间场外衍生品市场逐步发展起来，外汇交易中心和银行间同业拆借中心等交易平台也相继建立。为了规范国内的场外衍生品交易，中国外汇交易中心和中国银行间市场交易商协会在2007年分别发布了适用于人民币外汇衍生品和金融衍生品的场外衍生品交易主协议。2009年，中国银行间市场交易商协会发布《中国银行间市场金融衍生产品交易主协议》，也就是我们熟知的“NAFMII主协议”。在中国人民银行的推动和指导下，银行间场外衍生品市场逐步形成了以平台交易为主、以柜台交易为辅、以NAFMII主协议为交易框架文本的市场格局。如今，我国的场外衍生品市场已经进入加速发展的新阶段。中国证券业协会以及期货业协会先后推出了证券公司和期货风险管理公司开展场外衍生品业务的相关制度和规范。2013年，中国证券业协会首次发布了《中国证券市场金融衍生品交易主协议》，即根据证监会监管框架制定的"SAC主协议"，随后几经修订，最终形成了《中国证券期货市场衍生品交易主协议》(2018年版)。证券期货市场场外衍生品业务自发展以来，依托证券公司和期货风险管理公司较强的专业能力和灵活性，规模不断扩大，参与机构不断增多，已具有一定的市场影响力。至此，我国境内的场外衍生品市场形成了由中国人民银行主导的以NAFMII主协议为交易基础的银行间市场、由证监会主导的以SAC主协议为交易基础的证券期货市场，以及由外资机构主导的以ISDA主协议为交易基础的柜台市场三大市场体系。这三大市场体系各有特色、相互促进，形成了我国三足鼎立的场外衍生品市场格局。

经过多年的发展，我国的场外衍生品市场已经颇具规模。银行间市场业务起步较早，相关的制度和基础设施也更加完备，目前银行间市场的场外衍生品业务规模最大，而商业银行是该市场中最活跃的参与机构。《2021年银行间市场运行报告》显示，2021年，银行间市场利率衍生品交易21.4万亿元，同比增长6.3%；银行间汇率衍生品市场交易22.6万亿美元(以人民币计价为145.76万亿元)，同比增长28.3%；银行间市场信用风险缓释工具交易366.7亿元，同比增长99.9%。与银行间场外衍生品市场相比，证券期货市场的场外衍生品业务的主要参与机构(证券公司和期货风险管理公司等)普遍具有更强的灵活性和专业能力，且业务规模不断扩大，产品序列持续增加，未来发展前景十分广阔。《中国证券业发展报告2022》显示，2021年全年证券期货市场共新增场外衍生品交易合计名义本金8.40万亿元，同比增长76.56%；其中，新增收益互换交易合计名义本金47727.35亿元，新增场外期权交易合计名义本金36310.66亿元。随着场外衍生品业务交易主体实际需要的日益增长，亟须建立科学规范的场外衍生品市场交易方面的理论体系，为众多交易者的市场投资选择提供理论支撑。本书从我国场外衍生品现状出发，研究国际场外衍生品相关的成熟理论和实践，分别从远期合约、互换、场外期权、基差交易和指数衍生品五个方面，多维度、全方位地展示场外衍生品交易理论与应用方面的最新成果，以期为促进国内场外衍生品市场蓬勃发展提供参考。

本书基于场外衍生品市场不断完善的判断，重点介绍了套期保值和套利策略，对投机行为并非持打压态度，而是更关注对其进行风险管控，这与部分教材对待投机的态度有一定的差别。我们坚信，要推动国内场外衍生品市场的发展壮大，必须营造鼓励试验、容错的创新文化氛围，进而让场外衍生品成为实体经济高质量发展的重要支撑。鉴于此，本书在编写过程中，选用了很多国内场外衍生品市场的实践案例，在此，对相关参与者的开拓精神表示由衷的钦佩！

本书的出版，得到云南大学研究生院、本科生院的鼎力支持；中国经济出版社的赵静宜老师、焦晓云老师做了大量的编辑工作；我们的学生高紫薇、张涵娇、左志兆为本书的写作收集了许多素材和数据，并参与了书稿的修改和完善，让本书更具规范性和可读性，在此表示衷心的感谢！

从拟定写作提纲到最终付梓，本书历经两个春秋，虽然我们投入了很多时间和精力，但疏漏在所难免，恳请读者批评指正。

马子红　常嘉佳

2022 年 11 月

目　录
Contents

第一章 场外衍生品与场外衍生品市场

第一节 场外衍生品概述

一、场外衍生品的内涵

衍生品已有多年的发展历史，但学界和实业界对于衍生品在金融系统中的作用并未达成共识。2008 年的全球金融危机再一次激起了人们对衍生品的争论，然而把危机的爆发归咎于衍生品是不妥当的，对衍生工具的不当使用以及对场外衍生品缺乏监管才是引发危机的主要原因。那么，到底什么是"衍生品"呢？美国商品期货交易委员会（CFTC）给出这样的定义："一种金融工具，在交易所内或交易所外交易，其价格取决于一个或多个标的证券、股票指数、债务工具、商品、其他衍生工具，或者其他约定的价格指数以及协议的价值。衍生品涉及基于标的资产的权利和义务的交易，但并不发生标的资产的转移。"按照巴塞尔银行监管委员会（Basel Committee on Banking Supervision，1995）的定义，衍生品（Derivatives）是指价值依赖一个或多个基础资产价值变动的金融合约。根据这一定义，我们可以从基础资产的角度，将衍生品分为金融衍生品和商品衍生品。前者是以金融资产为基础资产的衍生品，又可细分为利率衍生品、信用衍生品、汇率衍生品和权益衍生品；后者是以商品作为基础资产的衍生品，包括各种大宗实物商品的衍生品，如铜、原油、大豆、棉花、黄金等。基础资产是原生产品，原生产品是衍生产品的基石。原生产品是皮，衍生产品是毛，两者之间是相辅相成、互相依存的关系。

作为一种合约安排，衍生品是金融市场参与者管理风险、获取收益的重要金融工具。按照交易场所划分，衍生品可以分为场内衍生品和场外衍生品。前者是交易所市场交易的标准化合约，实行集合竞价、保证金制度及集中统一清算和履约担保的中央对手方清算制度，主要包括期货、场内期权、场内互换等；后者是非标准化的交易对手双方签订的协议，具有个性化、较灵活、流动性较差、不够透明等特点，主要包括远期、场外期权、互换等。作为非标准化协议的交易场所，场外衍生品市场在交易机制和市场主体两方面完全不同于场内衍生品市场。就交易机制而言，集中竞价和电子撮合的集中交易方式是场内外市场的区别所在。场内衍生品市场以集中竞价的形式进行交易，场外衍生品市场为电子撮合或做市商的非集中交易。这是因为，场外衍生品市场建立在个性化需求基础上的非标准化条款使合约特征各异且流动性较差，市场难以形成高频率的连续交易机制，需要借助双边磋商、询价报价等交易方式。就市场主体而言，场外衍生品市场具有更大的成交规模、更强的专业性和更高的风险性，市场参与主体多为专业的金融机构和风险承受力较强的大型实体企业。个人投资者能否参与，是识别场内外衍生品市场的另一依据。

2008 年全球金融危机以来，以利率互换为代表的场外衍生品业务在监管、透明度和对手方信用风险方面的明显缺陷引起了人们的质疑和指责，也引发了对场外衍生品市场进行的一系列改革。对场外衍生品市场加强监管、提高市场透明度、强制部分场外衍生品集中清算从而降低对手方信用风险乃至场外衍生品的“场内化”和“期货化”，成为新的发展方向。在此背景下，我国的场外衍生品经历了不同的发展阶段（见图 1-1）。

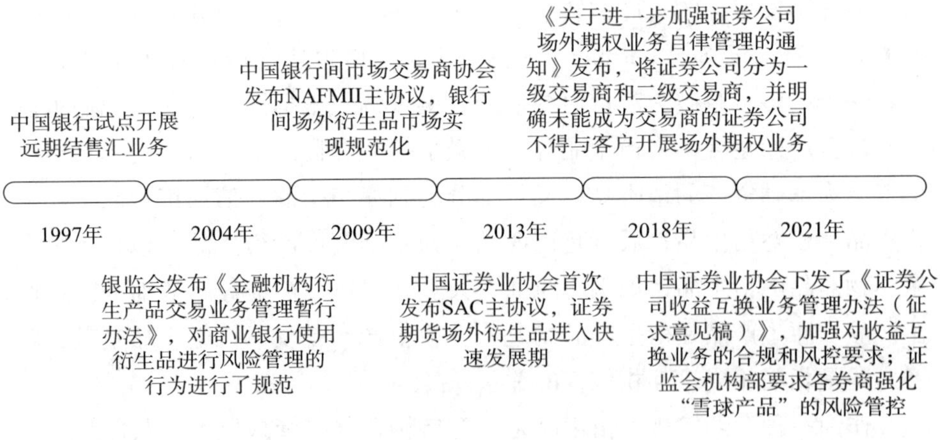

图 1-1　中国场外衍生品的发展历程

二、场外衍生品的特征

（一）杠杆性

杠杆性是场外衍生品的显著特征之一，即交易者能以较少的资金成本控制较多的投资，从而提高投资收益，达到“以小博大”的目的。场外衍生品在交易时一般只需缴存一定比例的押金或保证金，便可以得到相关资产的经营权和管理权，杠杆特征十分突出。高杠杆性既为交易者提供了以较低成本进行风险管理的可能性，也使投机者可能因预期错误而面临巨额损失。因此，高杠杆性使场外衍生品成为一把“双刃剑”。

（二）定制性

定制性是指场外衍生品往往根据客户需求来进行定制化设计，允许客户更主动地进行调整以满足自己的风险偏好，充分体现了个性化的投资决策。一般而言，场外衍生品合约条款包括交割地点、交割日期、交易单位、保证金、结算流程等，均需要合约各方私下协商。场外衍生品通常是非标准化合约，其条款私下协定，不会公开，因此场外衍生品的市场价格不像债券、股票、期货和其他交易工具一样可以通过公开渠道获得。

（三）风险性

场外衍生品具有高风险性。作为一种为投资者交易保值和防范风险的金融创新产品，场外衍生品内在的高杠杆性和工具组合的高复杂性、高技术性决定了其高风险性。场外衍生品的高风险性主要表现在以下五个方面：①市场风险，即场外衍生品价格的波动幅度往往超过基础资产现货价格的波动幅度，从而会为交易者带来极大的风险。②信用风险，即场外交易对手无法履行合约的风险，包括交易对方违约可能性的大小和由于违约造成损失的多少。③流动性风险，即某些场外衍生品难以在二级市场流通转让的风险，其风险大小取决于合约标准化程度、市场交易规模和市场环境的变化。④法律风险，即由于场外衍生品创新速度比较快，可能游离于法律监管之外，从而存在某些场外衍生品合约得不到法律承认和保障的风险。⑤管理风险，即场外衍生品的复杂性可能给交易主体的内部管理带来困难和失误，以及监管机构难以实施统一监管的风险。

(四)虚拟性

虚拟性是指场外衍生品的价格运动过程脱离了现实资本的运动，但却能给持有者带来一定收入。虚拟资本，如股票和债券，其特点是本身并没有价值，但它们是获得一定财富的权力证书，因而是对实物财产的虚拟。场外衍生品是对股票、债券等基础资产的进一步虚拟，具有双重虚拟性。虚拟资本的增值可以不依赖于产业资本和商业资本的运动，因而场外衍生品的交易逐渐独立于现实资本运动。

三、场外衍生品的种类

场外衍生品市场的交易种类日趋丰富，包括远期、互换、场外期权和其他场外衍生品。

(一)远期

1. 远期的产生

20 世纪 80 年代，大众对衍生品的理解越来越深入，接受度也越来越高。在期货和期权市场增长的同时，远期市场也开始增长。远期市场增长的主要激励因素是互换的发展。互换是一个交易双方交换一系列资金流的协议。虽然在基本框架上存在一些差异，但是一般而言，远期合约与互换相似。对互换的接受刺激了远期和场外期权等场外衍生品交易的发展。目前，远期市场是一个巨大的健康的与期货市场形成竞争和互补关系的市场。最近几年，随着互联网经济的不断发展，各种金融工具和商品的远期市场呈现出快速发展的态势。

2. 远期的概念和特点

远期合约是按客户需求定制的，规定在将来某个交易日以一个双方协商的远期价格交换一项资产或现金流的双边协议。在交易中，远期合约的多头方(Long Position)愿意在未来的某个时间按照某个确定的价格买入标的，远期合约的空头方(Short Position)愿意在未来的某个时间按照某个确定的价格卖出标的。

远期合约是一种非标准化的合约，交易者可以根据要保值的头寸来协商合约的标的资产品质、交割地点、交割价格、交易时间、资产特征、交易方式、合约规模等，以便尽量满足交易双方的需要。通常，远期合约交易不需要支付交易费用。远期合约的优势在于灵活性很大，也比较容易规避监管。但是，没有固定的交易场所，且每份合约千差万别，也给远期合约二级市场的流通带来较大不利，再加上远期合约履约没有保证，因此违约风险较大。故而，远期交易对交易方的信用等级要求较高，只有在市场上拥有良好信用的金融机构和大公司才能够参与远期交易。

3. 远期的运作

远期合约结算时，既能以现金结算，即在结算日一方向另一方支付远期价格与市场价格之间的差价乘以协商数量的现金来了结交易，其中到期现金流按照名义数量和规定远期价格与当天市场参考价格之间的差额来计算；也能以实物交割，即在结算日一方对协议数量货物支付远期价格的货款，另一方交付协议数量。接下来我们举例说明远期合约的运作。

假设一个食品生产商担心小麦的价格上涨想锁定购买价格，生产商向一个互换交易商咨询，两个相关方达成了一个从当天起 3 个月后结算的小麦价格的远期合约。从生产商的角度来看，交易是以每吨 300 美元的协议远期价格购买 1000 吨名义数量的远期小麦。如果在结算日小麦的市场价格是每吨 325 美元，则生产商支付 325000 美元购买市场价格的小麦。同时，交易商将支付给生产商 25000 美元（325 美元和 300 美元之间的差额乘以 1000 吨）。生产商净流出资金 300000 美元，符合 300 美元每吨的约定。但假设结算日小麦的价格为每吨 260 美元，则生产商需支付 260000 美元买入小麦，但按远期合约的约定，他还要向交易商支付 40000 美元，即 260 美元和 300 美元之间的差额乘以 1000 吨。也就是说，无论市场如何变化，生产商购买小麦的价格总是每吨 300 美元。换言之，生产商已将购买小麦的价格风险转嫁给交易商。

上面的例子是现金结算的远期合约，即其中一方补偿另一方价格变动的净金额。远期合约也可能涉及实物交割。结合上例，即对应付款额实际交收现货小麦。如果远期合约是实物交割，在结算日小麦的市场价格为每吨 325 美元的情况下，生产商将同意支付 300000 美元给交易商，交易商将同意在结算日将 1000 吨的小麦交给生产商。

（二）互换

1. 互换的产生

1981 年，世界银行和 IBM 因为业务合作而进行了谈判，双方为减少整体融资成本而达成了被称为最早出现的“货币互换”的交易。该交易的具体内容包括：IBM 向世界银行提供一笔瑞士法郎的贷款，同时世界银行向 IBM 提供一笔美元贷款。这种交易达成的动机是通过双方资金的借贷来降低各自成本。这次现金流的互换交易为金融资产互换和商品互换交易提供了可行样板。之后，金融机构开始关注固定收益市场，并以固定利率和浮动利率互换作为对冲手段，如国库券利率同伦敦银行拆借利率的互换交易。互换协议同典型的期货合约具有相同的特点，即买方同意支付一定价格以获得商品远期交割的浮动收益。再之后，货币、股票和商品互换也发展起来。

提供互换的交易方被称为互换交易商。互换交易商承担所有互换价格风险，因此必须对敞口进行风险管理。在早期的互换市场上，投资银行通常作为经纪人来撮合具有相反对冲需求的互换双方[①]。由于难以寻找具有相反对冲需求的互换双方，不承担市场风险的互换经纪人逐步演化为承担市场风险的互换交易商。当互换交易商建立互换头寸，就承担了互换交易的价格风险，因此必须对敞口进行风险管理。此外，互换交易的协议另一方要承担互换交易商不履行协议的信用风险。对互换交易商来说，信用风险是显著的，因为众多互换交易涉及众多对手方，每一份协议都会增加其信用风险。基于各种风险，金融中间商（商业银行、投资银行和保险公司）逐渐成为互换交易商。这些机构具有充足的资本维护其信用额度，也拥有专门知识，可以承担市场风险。具有对冲风险专业知识的大型商业机构也可成立分支机构，成为互换交易商。

2. 互换的概念和特点

互换是交易双方在约定的合约有效期内、按约定的条件交易不同标的资产的一系列现金流并以现金结算的双边协议。互换的双方会就名义数额、交换的期限或成熟度、支付时期、浮动价格指数、固定价格等条款进行协商。互换的买方通常按照以固定价格计算的金额进行支付，而卖方则

---

① 世界银行和 IBM 的货币互换交易就是由所罗门兄弟公司（Salomon Brothers）撮合达成的。

按照以浮动价格计算的金额进行支付。在交易过程中，按照标的资产类别计算的本金额(即现金流)只是一个名义值，在互换交易中不做具体支付，最终双方交换的只是以现金结算的收支净差额，这极大地降低了互换交易的成本支付。

相较于远期合约的特定日期单一结算，互换作为一系列交易协议，为企业对冲现金流提供了交易工具。例如，一家航空公司会持续购买喷气燃料油，也就形成了多个持续的现金支付。管理者可以每次交易均买入一个远期合同以对冲风险，但会遭遇反复交换带来的更多潜在风险，也可以选择互换合约，以一系列现金流支付对冲风险。显然，互换具有对冲风险、低成本的优势，因而成为管理者的优选对象。互换是两家公司根据预先设定的公式在未来交换现金流的协议，可以将其视为远期合约的投资组合。最常见的互换有利率互换、汇率互换和大宗商品互换，它们往往会延伸到未来，而不是交换合同。

互换是专门按客户需求定制的场外交易工具，因此互换的双方通常是一个交易商(在互换交易中做市的金融机构)和一个终端用户(通常是一个经销商的客户，可能是公司、养老基金、对冲基金或其他组织)。当然，经销商之间的互换也很常见。随着交易需求的多元化、个性化发展，互换的形式也在不断进化，即由互换的一方进行一系列的固定付款和接受一系列的可变付款，拓展到互换双方进行可变付款的互换，或者双方均进行固定付款的互换，只是一方以一种货币付款，另一方以另一种货币付款。

互换到期一般采用现金结算方式，双方交换的只是以现金兑付的收支净差额。此方式通过减少双方之间的资金流动数量来降低信用风险。每个互换都有一个称为名义本金的现金数额。货币互换和利率互换都涉及支付利息，支付金额是利率与本金数额的乘积。在利率互换中，本金数额是不支付的，因而被称为名义本金。和远期合约一样，互换交易也要承担对手方违约的风险。

3. 互换的种类

互换包括利率互换(Interest Rate Swap)、货币互换(Currency Swap)、权益互换(Equity Swap)、商品互换(Commodity Swap)及其他互换[1]。其中，利

① 波动率互换(Volatility Swap)、互换期权(Swap Options)、信用违约互换(Credit Default Swap, CDS)等。

率互换双方同意在未来的一定期限内根据同种货币的同样的名义本金交换现金流，其中一方的现金根据浮动利率计算，而另一方的现金流根据固定利率计算，即货币互换双方将一种货币的本金和固定利息与另一货币的等价本金和固定利息进行交换。权益互换是指将协议双方中的一方或双方支付的标的资产换为股票或指数等权益资产的收益率，从本质上说，权益互换与利率互换并无差别。商品互换是一种特殊类型的金融交易，交易双方为了管理商品价格风险，同意交换与商品价格有关的现金流。它包括固定价格及浮动价格的商品价格互换和商品价格与利率的互换。接下来，我们将以商品互换为例进行重点介绍。

(1)商品互换的主要类型

商品价格互换以商品价格作为标的物。国际互换与衍生品协会(ISDA)将商品价格互换定义为这样一项交易：交易一方定期支付固定价格，交易另一方在同样期限支付商品的浮动价格，例如天然气或者黄金的某项指标，或者基于商品期货的价格(如 NYME 上的 WTI 石油指数)，所有的计算都基于商品的名义数量。商品互换在结构上类似于股票互换，有两个主要类型：固定对浮动的商品价格互换和浮动价格对浮动利率互换。其中固定对浮动的商品价格互换是商品生产者和使用者在相同价格锁定的最常见的“自然的”多阶段结构。浮动价格对浮动利率互换也有很多用途。例如，商品生产者希望商品价格高而利率低，所以希望支付费用为越来越高的借款成本套期保值，但实际上利息支付和生产成本之间的关系并非那么简单，因此这种互换并不流行。在这两种商品互换基础上产生的变形的商品互换种类很多，具体包括商品基础互换(Basis Swap)、商品分解差价互换(Time Spread Swap)，以及后来市场上衍生出来的宏观经济互换(Macroeconomic Swap)和通胀率互换(Inflation Swap)。

由于固定对浮动的商品价格互换即固定价格—浮动价格的商品价格互换最为常见，下面着重介绍其特点及应用。

从基本概念上看，固定价格—浮动价格的商品价格互换是指在交易双方中，A 为一定数量的某种商品按照每单位的固定价格定期对 B 支付款项，B 为相等数量的某种商品按照每单位的浮动价格定期向 A 支付款项。这里的浮动价格是以定期观察到的即期价格为基础计算的平均数。结算可以通过实物交割，但大多数情况是通过现金交割。从本质上说，商品互换是固定风险与浮动风险之间的互换。假设 A 是消费方，B 是生产方，具体交易合约见表 1-1。

表 1-1 典型的固定价格-浮动价格的商品价格互换合约

交易日期	2012 年 2 月 4 日
名义数额	100000 桶
商品	西得克萨斯轻质低硫原油
到期日	2012 年 8 月 6 日
频率	每月
阶段结束日期	每个月第 6 天
清算日	时间段结束后 5 天
支付	97.8 美元/桶
接受	每个时间段上每天参考价格的算术平均
清算方法	净现金支付

资料来源：芝加哥商品交易所(CME)官网。

商品互换通常基于商品期货或者根据商品远期价格的估值定价。期货定价比较复杂，主要因为期货涉及基差风险，尽管日期必须匹配，但互换可以大大降低基差风险。远期定价在理论上相对简单，按当天(即时)购买商品然后一直拥有到固定日期计算：现时价格+融资成本+实物储存成本。

商品价格具有很高的波动性，简单的远期销售将承受非常真实的风险。远期价格一般大于即时价格，即存在“期货溢价”。不幸的是，特别是对于季节性商品，供给和需求会明显地扭曲这种关系，可能会出现“现货溢价”，即远期价格低于即时价格。一些生产者希望吸引消费者参与远期购买，因此提供有保证的需求，这些生产者将提供“便利收益”或者将需要考虑进去的理论上的远期价格贴现，即通过互换来规避上述现货溢价风险所带来的损失。

(2)其他商品互换的类型

A. 价差互换

价差互换是指市场的一部分工具与另一部分工具的价差进行互换，如西得克萨斯原油期货不同月份之间价差的基本互换、西得克萨斯原油期货与现货之间价差的基本互换、西得克萨斯原油与航空燃料或煤油这些成品油之间价差的基本互换、布伦特和西得克萨斯原油之间价差的基本互换等。

B. 曲线-锁定互换

曲线-锁定互换常被称为滚动互换或时间价差互换，其结构取决于商品价格曲线中近月与远月的担保价差。交易的目的是保证在商品价格曲线中的利率/便利收益因素，使客户在从商品绝对价格下降中获利的同时，从为曲线锁定保证金取得的现货升水程度中获利。

C. 新型互换

目前，国际互换市场存在一系列特殊的商品互换，最常见的是涉及石油价格的互换系列。近 20 年来，一个日益增长的互换市场是天气互换，即以固定/浮动气温或降雨为标的互换交易。另一种较为流行的互换是房地产互换，如一定时期内房地产指数的百分比变化与利率的交易。

4. 互换的运作

互换市场的快速发展得益于互换商提供的 OTC 衍生产品具有优于期货合约的特点。尽管期货市场具有较高的流动性(大量投资者进行合约的买卖)，但期货合约的标准化不能满足对冲者的额外需求。互换交易提供另外一种灵活性，即双方可以为满足特定的对冲要求而制定专门的协议。

我们用“航空公司要对未来燃油购买进行对冲保值”的例子来说明互换合约在套期保值上的高效性和灵活性。与此相对应，互换交易商可以为航空公司提供与飞机燃油现货价格直接相关的互换协议。互换合约可以明确航空公司面临的价格风险、承担持有协议的行政成本等；同时，由于表外业务具有低税负等优势，互换合约有效解决了航空公司的风险管理问题。

对于非商业投资者，包括对冲基金、养老基金、大型投机者、指数基金和其他机构，互换合约是一种针对价格的有效投资工具。由于互换交易价格同传统投资领域的股票和债券价格缺少相关性或呈负相关关系，投资组合管理者会去寻求市场投资机会。此外，由于互换合约的灵活性，互换交易为投资者提供了一个更有效的市场进入手段。因此，互换合约在吸引商业投资者的同时，也吸引着大批非商业投资者。

由于互换交易商在互换市场中既是买方也是卖方，可以在交易中抵消或降低价格风险。但是，互换交易商有时并不能完全对冲互换交易风险，他们进入期货市场仅对冲残余市场风险。主要从事互换交易的指数基金、ETFs 和 ETNs 在场外衍生品市场上也得到了快速发展。它们通过对一种或多种指数的追踪进行消极投资。大部分指数基金采用非开放式的互换协议进行交易。随着互换交易商、指数基金(包括 ETFs 和 ETNs)的快速发展,互换市场快速发展起来。

5. 互换的功能

互换具有以下三个功能:①对价格风险保值。对一种资产或商品来说,无论是固定价格还是浮动价格的持有者,都要面对价格变化的影响。对固定价格的消费者来说,如果价格的走势上升,其成本风险锁定;对浮动价格的生产者来说,如果价格上升,则成本会增加。②降低经营成本。对于同种资产或商品,不同的加工者在不同市场的资信等级不同,因此融资价格也不同,存在着相对的比较优势。互换可以利用这种相对比较优势进行套利,以降低融资成本。③资产负债管理。资产或商品互换可将固定价格(债务)换成浮动价格(债务),从而起到管理资产负债的作用。

(三)场外期权

1. 场外期权的产生

20 世纪初期,期权首先在美国衍生品的场外市场诞生,在当时没有场内交易的情况下,场外期权市场的规模逐步发展壮大。随后美国在 1973 年 4 月 26 日成立了芝加哥期权交易所(CBOE),进行统一化和标准化的期权合约买卖,引导场外期权交易者进入场内交易,美国期权市场自此进入更加稳定的发展阶段。美式期权和欧式期权统称为普通期权。由于场内普通期权不能满足客户的诸多需要,于是学术界对普通期权的概念进行了扩展,这些经扩展或者更新的期权统称为第二代期权或者奇异期权(Exotic Options)。它们主要在场外市场交易,因此场外期权经常被称为奇异期权。金融机构可以自行开发场外期权并在柜台进行交易,它们可根据投资者的不同需求设计不同的奇异期权,定制化程度较高,其灵活性和多样性是场内期权所不能比的。自此,场外期权市场得到了快速发展。目前,跨国的场外期权市场通常由机构投资者主导。例如,一家在明尼苏达的美国公司从一家法国银行的纽约办事处购买了一个期权,而这家法国银行的纽约办事处又购买了伦敦银行瑞士办事处的一个对冲期权,这种交易很容易就能实现。

2. 场外期权的概念和特点

期权是赋予买者在合约到期日或之前以协商价格去买入或卖出规定数量的标的资产权利的协议。一个看涨期权是一个买的权利，一个看跌期权是一个卖的权利。场外期权是指买方只要支付权利金就可以获得在规定到期日或之前以协议价格买入或卖出协议数量的权利并以现金进行结算的协议。买入的期权叫作看涨期权，卖出的期权叫作看跌期权。场外期权经常是亚式期权。亚式期权是指以执行价与在期权执行日之前的特定期限（一般为一月）内的均价之间的差价乘以名义数量的金额进行支付的期权。相较而言，欧式期权按照执行日的执行价和市场价之间的差额乘以名义数量进行支付。亚式期权才是终端用户喜爱的期权，因为一个亚式期权对在一个月内连续发生的购买来说，是更好的套保工具。

与场内期权相比，场外期权的特点体现在以下三个方面：

第一，收益与权利。场外期权市场的参与者可以因各自独特的需要，量身定做一份期权合约并拟定价格，然后通过场外期权经纪或自己直接找寻交易对手，满足自己的个性化需求。场外期权合约的条款没有任何限制或规范，如行使价及到期日均可由交易双方自由厘订。场内期权合约则是以标准化的条款来交易。

第二，路径依赖。路径依赖（Path Dependence）是指期权的价值会受到标的变量所遵循路径的影响。它又可以分为弱式路径依赖（Weak Path Dependence）和强式路径依赖（Strong Path Dependence）两种。相较于场内期权交易价格由交易双方在交易所内通过竞价方式达成，场外期权交易价格更多的是由标的资产在存续期内的价格路径决定的。较为流行的路径依赖期权有亚式期权（Asian Options）、障碍期权（Bamier Options）、回望期权（Lookback Options）和远期开始期权（Forword-Start Options）。这些期权设计的初衷是捕捉一定价格波动条件下标的资产结算价格的触发模式。

第三，时间依赖。场外期权的一种变化形式是在以上所述的所有特征中加入时间依赖（Time Dependence）的特性。时间依赖是指该类场外期权的回报与时间及当时的股价有关。常见的时间依赖型期权有百慕大期权、随心所欲期权和可展期期权。随心所欲期权属于抉择型期权，即持有人有权在到期前某一段期间，决定该期权为买权或卖权。如果投资者想获得最大的利润，则在决定的时间点，应抉择买权或卖权价值较大者。

场外期权的上述特征决定了它具有以下三个优点：

第一，场外期权的条款和条件可以根据双方的具体需要制定。例如，假设一个养老基金的经理在市场行情普遍下降的情况下想保证基金投资组合的利润，他可以购买一个看跌期权的投资组合，并在某一特定日期以某一特定价值出售该组合给期权卖家，从而保证最低回报。不幸的是，这种类型的交易不能总是在期权交易所完成。这是因为：①交易所提供的期权均基于某些股票或股票指数。基金经理需要一个与交易所提供期权相关的指数，但可能与特定投资组合期权不匹配。②交易所的期权在特定日期到期，这可能与基金经理的投资期限不匹配。③即使期权是可用的，也可能没有足够的流动性来完成必要的保证整个投资组合收益的大交易。在场外市场，基金经理可以精确指定与股票组合相结合的应售股票期权和在何时期权应该被执行。虽然非常大的交易可能需要一些时间来协商，但通常绝大多数基金经理可以顺利完成交易。④在场外期权市场，期权可以在更多的工具上被创造。除股票外，场外期权还包括债券、利率、商品、货币和许多其他类型的资产，甚至一些不是资产的标的物，如天气等。

第二，场外期权市场是一个私人市场，在该市场中，无论是公众还是其他投资者，包括竞争对手，都不知道交易已经完成。但是，这并不意味着交易是非法的或是可疑的。在期权交易所，一个购买看跌期权的大订单可能向市场发出一个信号：有人可能有一些坏消息。这可能让市场陷入动荡，因为市场参与者担心这些坏消息很快便会真的发生。

第三，场外期权基本上不受管制。它的规则是那些商业诚信和常见的商业惯例。缺乏诚信和不遵守惯例的机构会发现，自己根本无法找到交易对手实现交易。这种基本上不受管制的环境意味着提供新类型的期权不需要政府批准，只要合约双方意识到彼此做生意会产生收益，就可以签订合约。

当然，场外期权也有一些缺点，最主要的就是信用风险较高。参与场外期权的交易对手主要是符合《证券期货投资者适当性管理办法》的专业机构投资者，如大型企业、金融机构、政府等。场外期权的买方既熟悉卖方的信用状况，也能通过某些类型的抵押担保或其他信用保证降低信用风险。尽管如此，这些场外期权的购买者大多会面临一些信用风险。信用风险是衍生品市场中一个重要而显然易见的问题。除了信用风险，场外期权市场的交易规模很大，超出许多投资者所能处理的范围。但是，场外期权市场的成本与交易所相比究竟是高还是低，目前尚不清楚。

3. 场外期权的类型

在场外市场上创造的大多数场外期权不同于传统的普通期权。它们往往是债券、利率、商品、互换和外币的期权，包括许多与其他工具相结合的变化。但是，无论是在期权交易所上市还是在场外市场上市的期权，其定价和使用原则几乎是相同的，只是由于类型不同，有一些明显的结构上的变化。

场外期权类型繁多，它们通常是在传统期权的基础上改头换面，或是由各种衍生品组合而成。场外期权是比常规期权（标准的欧式或美式期权）更复杂的衍生产品，比如执行价格不是一个确定的数，而是一段时间内平均资产价格的期权，或是在期权有效期内如果资产价格超过一定范围，期权就作废。场外期权主要有亚式期权、障碍期权、回溯期权、相对表现期权、保障汇率期权、随机期权和执行支付期权等。

（1）亚式期权

亚式期权又称平均率期权，是当今金融衍生品市场上交易最为活跃的奇异期权之一。它最重要的特点在于：到期回报依赖标的资产在一段特定时间（整个期权有效期或其中部分时段）的平均价格。它属于强式路径依赖期权，因为这一平均价格将成为定价公式中的一个独立状态变量；亚式期权的盈亏取决于标的在规定时期内价格的平均数，而不仅取决于到期日的现货价格。

亚式期权有两种主要类型：固定执行价期权和浮动执行价期权。固定执行价期权的盈亏是标的资产平均价值超过一个确定固定执行价格的数值。浮动执行价期权的盈亏是标的资产在到期日超过该期权生命周期内资产平均值的数值。亚式看涨期权和亚式看跌期权总是比相应的标准期权更便宜，其原因有两个：①标的资产平均价值的波动性小于其价值的波动性；②平均价格的远期价格通常低于正常的远期价格，这会导致看涨期权价格下跌，而看跌期权价格上涨。例如，一个投资者以11%的指数值买入一个三年期实值期权，但一个相应的以平均价值为标的的看涨标准期权在第一、第二和第三年年终时价值为9%。尽管亚式期权更便宜，但如果第一年和第二年市场价格下降，而第三年市场价格快速上升，那么该期权投资者将会亏损。

(2)障碍期权

障碍期权和标准期权类似，两者都可决定其盈亏的到期日和执行价。障碍期权合约是独特的，这表现在其盈亏不仅取决于其期权到期是不是实值，还取决于标的资产价格是否在期权生命周期内超过预定价格水平或障碍。

障碍期权有两种主要类型：敲入期权和敲出期权。敲入期权只在标的资产到期是实值和在到期日前某个时间障碍被超过的条件下发生盈亏。敲出期权只在标的资产在到期日是实值和在合约生命周期之内绝不超过障碍的条件下发生盈亏。只要标的资产超过障碍，期权就会被敲出，到期日将毫无价值。在此基础上，我们可以通过考察障碍水平与标的资产初始价格的相对位置，进一步为障碍期权分类：①如果障碍水平高于初始价格，我们称其为向上期权；②如果障碍水平低于初始价格，我们称其为向下期权。对以上分类进行组合，可以得到诸如向下敲出看涨期权(Down-and-Out Call)、向下敲入看跌期权(Down-and-In Put)、向上敲出看涨期权(Up-and-Out Call)等障碍期权类型。障碍期权的主要吸引点在于它们一般会要求一个比标准期权更小的权利金。这是因为，投资者愿意接受标的资产相对于障碍表现更好的额外风险，且这种风险会被一个更低的权利金补偿。表1-2比较了先前例子讨论的障碍期权与没有障碍的相似构造的常规期权的权利金。

表1-2　常规期权与障碍期权的比较

期权	常规期权权利金(元)	障碍期权类型	障碍水平(%)	权利金(元)
5%虚值看跌期权	3.11	敲出	110	2.57
5%虚值看涨期权	3.11	敲入	110	2.79
5%虚值看涨期权	9.88	敲出	90	5.52
5%虚值看跌期权	9.88	敲入	90	5.04

注：标的资产价格100，1年期，4%利率，2.7%红利，15%波动率。

(3)回溯期权

回溯期权的收益依附于标的资产在某个确定的时段(回溯时段)达到的最大或最小价格(回溯价)，并依据这个回溯价来确定资产价或执行价。回溯期权允许投资者在期权生命周期内选择已经发生的最有利的价格作为期权执行价。这有别于标准期权在合约设计时就约定执行价格，回溯期权在合约到期日才能确定执行价格。如果一个回溯看涨期权被执行，投资者将选择在期权生命周期内发生的最低价格作为执行价。如果到期日价格与执行价的价差为正，卖方有义务支付这一差价给买方。

假设一个投资经理认为他关注的标的价格将在接下来的 3 个月内下降但在一年结束时会反转并快速上涨。为了实现这一判断，他将买一个一年期回溯看涨期权。期权将以接下来 3 个月内记录的最低标的价格被执行。假设一个标准的一年期实值看涨期权价值为 10%、回溯看涨期权价值为 15%。通过购买回溯期权，投资者愿意赌价格在接下来的 3 个月内下降将超过 5%并且在到期日会超过其原始价值的 110%。

其他的变化也有可能发生。例如，回溯看涨期权能用一个固定执行价格构造。这一固定执行价格通过选择在这一时期观察的最高（或最低）标的价格来确定。

（4）相对表现期权

一个相对表现期权向持有人支付两种不同资产价格收益差值。例如，一个认为德国市场将比法国市场表现更好的投资者能够购买一个使他有权参与到两个市场中且表现相对优秀的看涨期权。如果德国市场比法国市场表现更优，投资者能获得两市场回报差额部分。不像一个标准看涨期权，即使德国市场下跌，只要它比法国市场下跌的幅度小，投资者将通过购买表现优秀的看涨期权获益。

（5）保障汇率期权

一个保障汇率期权（也称 Quantos 期权）通常会预先设定汇率水平，并将期权最后结算价值转换成投资者本国货币。最终，投资者会收到以其本国货币计价的当地市场回报。例如，一个美国投资者对法国市场持熊市观点，担心法郎兑美元贬值。为了将其观点变为期权交易，他将购买一个 3 月期的以 CAC40 为标的的 ATM 看涨期权，其盈亏为在 3 个月之内 CAC40 以美元计价的价值扣减执行价的剩余值。假设价格是 2000 美元，期权权利金为 100 美元。表 1-3 显示了到期日期权在各种 CAC40 价格下的盈亏。期权价值独立于汇率波动，从而有效避免了汇率风险。

表 1-3　保障汇率期权收益/损失

CAC40 指数	期权价值(美元)	期权收益/损失(美元)
1800	0	(100)
2000	0	(100)
2200	200	100
2400	400	300
2600	600	500

注：期权权利金=100 美元。

(6)随机期权

随机期权一般取决于两个不同资产的表现。为了期权有价值，期权的最初资产必须到期为实值，其他资产必须也以特定方式运行。许多随机期权取决于利率水平。下面的例子将显示它们是如何运行的。

一个投资者认为法国市场将上涨而法国利率不增，他可以买入一个 1 年期 ATM 看涨期权，该期权取决于 3 月期法国利率增加不超过预先规定水平。因为投资者愿意冒利率增加的额外风险，他的期权将比一个 CAC40 的标准看涨期权投资额更少。

(7)执行支付期权

执行支付期权与标准期权相似，二者只有一个区别：权利金只在期权到期是实值的条件下被支付。因此，投资者决不能损失掉所有期权权利金，因为他只在期权到期存在价值时支付权利金。执行支付看涨期权在期权是虚值时比标准期权昂贵。例如，一个投资者需要 100 美元一年期实值看涨期权，一个标准看涨期权只要 10 美元，而一个执行支付看涨期权要 15 美元。

(8)证券折抵债券

一些投资者被规则或自己的章程限制交易场外期权。在其他情形下，投资者拥有期权比拥有像标准支付利息可转换债券一样的其他证券有更不经济的财务处理。这些投资者也许喜欢证券期权的一个特性，即有限的风险敞口和风险资产暴露，但是只能投资在固定收入证券和普通股或优先股。

幸运的是，这些投资者能够获得与 OTC 股票期权有相似特点的固定收入证券。这些证券被称为证券折抵债券，能以一个股票、一个股票组合或一个股票市场指数为标的。债券的利息或最终支付取决于标的资产的回报。证券折抵债券在私人场所发行或公开发行。许多即期发行的债券有3~5年成熟期和小额利息或没有利息。它们通常提供本金足额返还加上参与标的股票或指数的升额。然而，如果市场按照我们预期的方向变化，将可能使我们的债券有高利息并有足额本金返还。此外，可以利用以下拇指原理来判断利息和股权的高低：债券成熟期越长，利息越高，股权越大；基准利率越高，利息或上边股权率越高；市场流动性越大或波动性越小，股息或上边股权率越高；一个债券发行者的信用越高，购买者得到的利息越低，股权也越小。

(9)复合期权

复合期权(Compound Options)是指一种期权合约以另一种期权合约作为标的物的期权，它实际上是期权的期权。

复合期权给予持有者在某一约定日期以约定价格买入或卖出一份期权的权利。投资者行使复合期权后，会持有或卖出一份标准的期权。复合期权可作为高杠杆投资的工具，投机者只需较少的资金便可买入复合期权，随后再看是否投入更多的资金来买进复合期权的标的期权，最后决定是否花钱买进最终的标的金融工具。

复合期权有两个执行价格和两个到期日。由于受两个到期日——复合期权的到期日和标的期权的到期日的影响，期权价值的判断非常复杂。

(10)任选期权

任选期权(As You Like It)是指其持有者可在期权有效期内的某一时点选择该期权为看涨期权或看跌期权。与传统期权相比，任选期权的购买者具有更大的选择权，而其出售者将承担更大的风险。任选期权的期权费一般较高。

任选期权具有以下特征：①经过一段指定时期后，持有人能选择期权方向，即看涨期权或者是看跌期权。②具有两种基础资产，可以择优执行其中一种期权为任选期权。③即便是场内交易的产品，也可能有奇异期权的特征，比如可转债(它的价值取决于标的资产的价格、信用评级、利率水平和波动率，以及这些因素的相关性)。

对于期权买方，信用风险暴露通常是期权违约的价值，即权利金。对于期权卖方，没有信用风险暴露。由于可以按照场内期权不具有的经济特性设计，场外期权被广泛使用。

4. 场外期权的应用

场外期权的应用具体包括以下内容：

(1)锁定收益

场外期权的第一个应用是锁定收益。目前，世界上多数地区的利率是比较低的，投资者难以获取资本的合理回报率，为此十分困扰。过去的许多年，投资者已经适应在高利率固定收入证券上获得合理收益，然而现在这些高收益几近消失。此外，许多基金会会许诺投资者一个投资的最低回报。例如，一些日本基金曾经向投资者许诺5%或以上的收益，而高利率日本债券的收益大约是80个基点。一个获得更高收益的方法是投资各种结构化票据。那些结构化票据是利息会增加但本金可能面临市场风险增加的债券。当这些结构化票据到期时，投资者也许会损失部分本金。由于承担了增加的市场风险，投资者在票据生命周期内会获得高额的利息。

意图在许多国家投资的全球基金，在股票方面的相关场外期权需求也有所增长。吸析战术投资策略的基金需在不同国家转移其资产。每月吸析战术投资策略的基金都会决定要投资的最好市场，然后将投资组合密集投资在该市场。例如，某基金也许选择第一个月投资在US指数，第二个月投资在挪威，第三个月投资在泰国，如此类推。该基金不太可能转移组合到货币市场，这是由于较大的买卖价差和巨大的交易成本。该基金通常用股票互换在不同指数之间分配投资组合和复制转移。股票互换曾经让该基金快速将其投资组合集中投资在它们认为将表现优良的市场。然而，即使组合经理选择投资一个指定国家，他们也不想暴露于该国货币风险之中，在这种情形下，可以使用保障汇率期权和随机期权。这些期权可以使投资者获取来自股票的投资回报，同时规避外汇变动风险。当组合经理不能在两个市场指数之间作出选择时，他可以决定购买一个“最优”期权，该期权的盈亏与更好指数的表现绑定。在场外期权的帮助下，组合经理已经获得该指数的回报，该基金在当月末将有更好表现。目前，新兴市场期权成交量快速增长，成为全球成交量创历史新高的关键驱动，客户对指数互换、保障汇率期权、最优期权等类型期权产生了极大兴趣。

(2)资产交易/建仓的风险管理

场外期权的第二个应用是资产交易的风险管理。假设一个客户需要在欧洲货币联合中心持有仓位，以保证其风险回报计划的科学性，即：如果决策正确，他会获得高额收益；即便决策失误，损失也相对较低。基于对货币汇率彼此聚合而汇率波动性下降的考虑，客户预判货币汇率正在聚合，他们希望通过交易来管理风险。一般情况下，交易商会建议客户卖空跨式期权，即卖出一个看涨期权的同时卖出一个看空期权，从而形成一个卖空跨式，这时客户持有一个卖出持仓。如果客户是正确的，标的资产价格不动，那么他会净赚两份权利金，盈利是巨大的。如果客户判断错误，价格上涨或下跌，那么他会因为卖出期权而遇到大麻烦。我们可以举个例子：标的价格是100美元的一年跨式期权价格为11.58美元。如果年底标的保持在100美元，客户将稳赚全部权利金11.58美元。即使标的价格稍微变化到105美元，客户收入11.58美元，支出5美元，仍然盈利。但是，如果标的价格变化到50美元，将会发生什么？客户将收入11.58美元，但要支付50美元。

现在假设客户需要卖空波动性，他需要一个不同风险的回报计划。此时，华尔街产生双障碍期权的思想，在这种情形下，客户支付4.30美元购买双障碍期权，4.30美元是购买双障碍期权支付的合约费用。如果在整个期权合约的有效期内，标的资产的价格从未跌破88美元或者涨过112美元，那么客户购买的双障碍期权将会盈利24美元，这个盈利由发行该双障碍期权的“双障碍期权盒子”支付给客户。如果在整年当中，标的不曾触及88美元或112美元，那么双障碍期权将无盈利。

在卖出跨式持仓的例子中，客户可能为了赚11.58美元而承受巨大损失。在一个双障碍期权盒子交易中，同一客户花4.30美元可以赚到24美元。这是一个有趣的风险管理回报计划。因此，如果客户想要有一个更好的交易策略，可以充分发挥场外期权中一些品种的作用。

(3)结构化保护

场外期权的第三个应用是结构化保护。这对于像吉列(Gillette)这样的公司是十分有用的。Gillette公司在不同国家生产剃须刀，然后把它们销售到其他国家，因此在13个不同币种上有外汇暴露。如何为全部货币上的风险暴露提供扇形保护，是一个值得思考的问题。为保证有充足资金用于生产，需将少量资金用于形成保护，Gillette公司选择对该货币篮子交易一个亚式期权。

结构化保护比标准保护更难卖给客户。在上面提及的例子中，Gillette公司在篮子货币上交易一个亚式平均率期权，便能节省大量资金。然而，并不是所有公司都能像Gillette公司那样选择。假设一个交易商对公司A建议同样的方案，公司A在许多国家有业务，并且像Gillette公司一样，在不同国家有外汇暴露。公司A也许并不想采用该方案，因为它的对外账户是有差别的。Gillette公司的经营模式是：收入所有现金流，轧差净值，最后用美元回笼资金。为了达到财务目的，A公司设立了不同的运营分部。例如，它有一个欧洲分部和一个日本分部。假设由于汇率变动，欧洲分部盈利而日本分部亏损，但欧洲分部不想为了补偿日本分部转让其利润。同时，欧洲分部仍然需要外汇保护。交易商可以提供一个类似场外期权的产品给该客户，但他必须调整该产品的设计，以满足A公司的上述需要，因为A公司只关心在用场外期权进行风险管理时必须满足其低成本的要求。

(4)降低套期保值成本

场外期权的第四个应用是降低套期保值成本。许多公司采用了连续套保方式。它们不仅购买了期权，还想翻倍赚钱，因而需要不断套保和再套保。公司套保通常表现在只在期权权利金和其他套保成本上花钱。这时，场外期权可以为客户带来降低套保成本的好处。当我们在现货保值过程中运用标准期权时，标准期权的权利金比较高，套期保值计划可能无法实现。利用场外期权进行套期保值时，买方只需根据自己的定制需要在起初支付较少的期权费，无须缴纳保证金，而且无论后续价格如何变化，都可以以较低成本实现套期保值。可见，场外期权不会产生更多的支出或者亏损，这样客户可以避免资金不足出现爆仓进而导致无法实现套保计划的问题，资金管理也更加便利。

(四)其他场外衍生品

1. 基差交易

基差交易是伴随市场的发展与完善自然形成的。据FCStone研究人员介绍，较普遍的基差定价产生于20世纪60年代，最早在新奥尔良港口定价中使用，后来逐渐推广到各地。目前，较大规模的农产品贸易公司都有自己的基差图，大多自20世纪60年代起记录各地每天或每周的基差变化，既有现货价格与近月合约的基差图，也有现货价格与远月合约的基差图。嘉吉、ADM 等大公司在全国各地都设有收购站，以收购站的买入报价作为当地的现货价格，并据此计算当地的基差。CBOT 网站都会公布美国海湾地区及主要农作物产区的大豆、玉米、早籼稻等的每周基差统计表，并在其各类宣传材料中反复强调应利用基差来指导现货贸易。“期货价格+升贴水”的基差定价方式是国际大宗定价的主流模式。国际铜贸易、豆类等谷物贸易都以“期货价格+升贴水”的交易模式操作。目前，国内饲料行业和有色金属行业运用该模式定价也非常成熟。

基差交易的实现方式有多种：贸易合约方式、期货合约方式、交割库方式。目前，市场上流行的是与基差定价相伴随的基差交易。这种交易比较简单原始，还不算真正意义上的基差交易。目前郑商所推出的基差交易已经成熟，属于上述贸易合约和期货合约的方式。

2. 指数衍生品

(1)指数衍生品的概念

自 18 世纪中叶开始，人们便通过编制各种各样的指数来描述某种资产或商品(或者是一系列资产或商品)的价格总体变动情况。随着场外衍生品市场的发展及交易双方对风险管理的需求升级，以某种指数为标的物的指数衍生品如雨后春笋般不断被开发出来。大体上，指数衍生品有总指数期货和子指数期货两大类。总指数期货是一种综合性指数期货，反映所有价格的代表性平均水平。总指数期货既能满足企业和客户的价格发现和风险管理需要，为企业提供长期和宏观经营指导，鼓励企业根据市场价格进行综合运营管理，又能满足生产企业全周期经营管理的需要，有利于生产企业使用市场工具来调整未来经营。子指数期货则是以某种资产或商品指数为标的，为企业提供短期和长期经营指导，鼓励企业根据指数变动进行库存、产业链、投资等的管理，维稳企业的生产经营。

(2)指数期货在我国上市的意义

第一，为调控宏观经济和产业发展提供服务。由于总指数期货变化领先宏观经济几个月到一年，国家宏观调控部门可以此为宏观经济调控先期预警指标，通过制定宏观经济政策对经济发展进行调控，满足国家对宏观经济风险的管理需要。各行业主管部门可以根据子指数期货变化，调整行业政策，满足国家保障行业稳定发展需要。

第二，促进我国经济高质量发展。指数期货既能为经济结构调整提供长远发展指导，也能充当行业发展风向标，引导企业优化产能布局，避免产能过度扩张集聚不必要的风险和造成不必要的浪费，为稳步扩大内需提供产品支撑。同时，在投资调整过程中，引导资本流向经济效益较高的行业或产品，促进先进技术的研发及其成果转化应用，助力产业技术升级和高级化发展。此外，面对商品价格的剧烈波动或急剧上涨，指数期货能够给消费群体提供高性能的风险管理支撑，帮其锁定支出水平和通货膨胀，保持消费支出的稳定增长，助力消费潜力的挖掘和提升。

第三，能满足大量机构投资者的需求。机构投资者可以通过在总指数期货之间的多元化投资，满足获取大额投机收益的需求；可以通过参与指数期货套利，满足获取无风险收益的需求；也可以做市商身份参与交易，对冲在其他衍生品交易市场上的风险。指数期货市场能够满足机构投资者的多维需求，为维持场外衍生品市场的健康平稳发展吸引了大量的机构投资者，成为市场发展的重要推动力。

第四，为从事价差交易的各类客户提供丰富的风险管理工具。指数期货交易的参与者除了大企业和银行，还有大量的中小微企业。指数期货在为企业的生产经营提供指导的同时，也为其提供了丰富的风险管理工具，帮助企业提高库存管理和投资管理的效率。同时，作为一种金融产品，指数期货也可以作为抵押品为企业融资提供工具支撑，帮助企业拓宽融资渠道，提高企业面对不确定性风险的能力。

(3)指数衍生品的发展路径

第一，现货企业的发展路径。现货企业购买指数期货的主要目的是组织生产和套期保值。现货企业购买指数期货套期保值需要支付资金，否则套期保值难以实施。但是，目前在国内，现货企业受国家信贷资金不能进入期货市场的制度限制，难以获得需要的银行资金进行期货套期保值；而在国外，现货企业利用信贷资金进行套期保值的做法十分普遍，有利于企业实现经营目标。我们应该学习国外先进经验，适度放开信贷资金进入期货市场的限制，允许现货企业利用银行资金购买指数期货进行套期保值。

第二，期货公司、投资银行和证券公司的发展路径。期货公司、投资银行和证券公司购买指数期货的主要目的是套期保值和投机，期货公司和投资银行按照自有资产管理和代客理财交易需要购买指数期货对冲风险和投机。证券公司开展代客理财业务，需要购买指数期货投机。期货公司、投资银行和证券公司是国外指数期货市场的主要机构投资者，它们主要利用指数期货进行全市场资产配置，以发挥期货市场价值投资的作用。目前，我国禁止期货公司、投资银行和证券公司利用期货市场进行资产配置，无法满足金融机构经营发展的需要。我国应根据国内期货市场发展需要，适度放宽指数期货的市场准入条件，这是发展壮大我国金融业的必要途径。

第三，基金公司的发展路径。基金公司主要包括期货基金、指数期货基金和养老基金，它们购买指数期货的主要目的是获取投机收益。期货基金、指数期货基金和养老基金是国外指数期货市场的主要机构投资者，要利用指数期货市场追求稳定的收益，以回报投资者，发挥期货市场价值投资的作用，满足缺乏专业投资能力的广大中小投资者获得高额收益的需要。我国目前禁止各种基金参与期货市场进行投资，难以满足广大中小投资者投资期货以获得合理回报的需要。从健康、稳定、规范发展期货市场的需要出发，我国应考虑适度放宽指数期货基金和养老基金的市场准入条件，以满足我国人民财富增长的需要。

第四，主权基金的发展路径。主权基金主要包括国家财富基金和宏观产业基金。主权基金进入期货市场的主要目的是获得市场话语权和保证产业发展。国家财富基金按照国家资金增值和获得国际话语权的需要购买指数期货投机。宏观产业基金按照国家资金增值和保证既定产业稳定发展需要购买指数期货投机。主权基金也是国外指数期货市场中的主要机构投资者。从争夺国际定价权、宏观调控和保证产业发展的需要出发，国内期货市场需要放开主权基金的指数期货市场准入条件，这是提高我国经济国际竞争力和促使我国经济稳定增长的重要途径。

第五，各类消费群体的发展路径。目前，我国的人均收入水平还比较低，人民的抗通胀风险能力较弱。购买力较强的消费群体对利用指数期货规避价格风险有着较强的诉求，能做出很好的风险规避示范。因此，应鼓励各类消费群体购买与指数期货相关的金融产品，以控制其支出水平和通货膨胀。

第二节　场外衍生品市场概述

一、场外衍生品市场的构成

按市场维度划分，场外衍生品市场由客户市场（即终端用户市场）和交易商间市场两部分组成。在客户市场上，对冲基金、企业、机构投资者等终端用户依托交易商完成交易，能有效降低直接交易的高昂交易成本和搜寻成本，并在风险分析专家的帮助下有效管理风险。在交易商间市场上，交易商与交易商之间通过场外衍生品交易进行套期保值，也会出于经营目的扮演做市商参与 OTC 合约交易。场外衍生品合约名义数额多在 100 万美元以上，使得拥有更多资本的金融机构和企业成为场外衍生品客户群体的主体。

作为做市商的交易商为客户市场、交易商间市场交易提供多维经纪服务，以便客户更好地发现价格、管理风险。交易商间市场是全球性的，在过去十年中，该市场一直被五个股票上市交易的公司所主导，即 ICAP plc、Tullett Prebon plc、BGC Partners Inc.、GFI Group Inc. 和 Compagnie Financiere Tradition SA（Jeffs，2012）。

与场内机构和个人投资者共存的参与主体构成不同，基于场外衍生品满足个性化风险管理需求的特征，场外衍生品市场参与者绝大部分为机构投资者。大型金融机构作为交易商，在推动场外衍生品市场发展的过程中发挥着核心作用。ISDA 调查结果显示，全球最大的 15 家主要交易商均为大型跨国银行。表 1-4 列示了位列世界前十五名的 OTC 交易商，其所持场外衍生品占全球场外衍生品未平仓名义总额的 82%。

表 1-4　位列世界前十五名的 OTC 交易商

排序	交易商名称
1	Bank of America Merrill Lynch
2	Barclays
3	BNP Paribas
4	Citigroup

续表

排序	交易商名称
5	Credit Suisse
6	Deutsche Bank
7	Goldman Sachs
8	HSBC
9	JP Morgan Chase
10	Morgan Stanley
11	Nomura
12	Societe Generale
13	The Royal Bank of Scotland
14	UBS
15	Wells Fargo

资料来源：https：//www2. isda. org/functional－areas/research/surveys/margin－surveys/. r Banks 1. Largest Deale。

场外衍生品交易主体包括交易商和客户两类。交易商针对客户提出的个性化风险管理需求，提供场外衍生品的产品设计、风险控制、定价结算的打包服务，成为客户特定衍生品的交易对手方；客户则提出风险管理需求、接受服务，与交易商完成对应衍生品的交易。因此，场外衍生品交易可分为交易商与客户交易(Dealer－To－Customer)、交易商间交易(Dealer－To－Dealer)两种模式。其中，前者是交易商向客户提供的风险管理服务，后者则被交易商用于对冲风险交易形成的风险敞口，或对自有资产的套利投资管理。

鉴于此，我们将场外衍生品市场参与者分为以下三种类型：

第一，以大型卖方金融机构为主的场外衍生品交易商。此类参与者主要包括商业银行、投资银行、证券公司及其分支附属机构，其中最核心的部分是商业银行和投资银行。此类市场参与者数量少、交易量大，在场外衍生品市场中占据主导地位。主交易商上报的金额被国际清算银行(BIS)作为全球场外衍生品市场交易统计数据来源。

第二，涵盖多种买方金融机构的金融客户。此类市场参与者包括小型银行、小型券商、保险公司、特殊目的载体(SPV)、对冲基金、共同基金等。衍生品具有对冲风险、提供杠杆、交易灵活的特征，对投资需求不同的各类金融机构具有广泛的适用性。专业知识及投资经验丰富的金融客户在资产管理中存在的各类风险推进了交易商对场外衍生品的研发与设计。

第三，其他非金融机构的实体客户。此类市场参与者以大型实体企业、各国政府机构为主。此类主体参与场外衍生品交易主要基于经营运转、财务管理等实体经济需求，主要用于对冲对相关价格波动较为敏感的资产和商品的市场风险。

二、场外衍生品市场的机制

(一)场外衍生品市场的交易机制

历史上，场外衍生品交易通过电话协商执行(所谓的声音经纪)。价格发现是人工搜寻过程，因为交易商有时会和多个对手方协商以达成交易的最好价格。如今，这个过程对于满足复杂的定制化客户需求仍然适用。20世纪90年代末，电子交易平台开始出现在客户和交易商之间的交易环节。这些平台像报价板一样执行卖出和买入报价。如今，电子交易平台仍然分割为两部分。在客户部分，平台帮交易商联系到客户，但是不允许客户直接交易；在交易商间部分，平台极像交易所，交易商之间可以直接交易。

从2013年开始，OTC交易必须通过法律指定的互换执行设施(Swap Execution Facilities，SEF)来完成。SEF运作更像交易所，有一个集中出价和要价订单簿。不同于场内交易的期货和期权合约，合约条款是标准化的，交易双方只需要就价格和数量进行协商。绝大部分OTC衍生品交易用一个国际互换与衍生品协会开发的协议来执行。协议被称为“主合同”，机构交易被主合同所约束，从而方便了交易方以更低成本进行OTC交易，其原因是交易条款的许多内容已经被提前设定。

互换和相关场外衍生品兼具贷款和资本市场交易工具的特点。一方面，每个互换交易都会在对手方之间创造一种信用关系，其中的条款需要协商和确立文书，就像传统的贷款协议条款一样。与贷款不同的是，信贷风险在互换成立之初是双向的和不被知道的。另一方面，互换在市场上交易，可能涉及两个对手方之间重复互动的交易行为；每一笔交易的信用条款都重新谈判成本是比较高的，这将成为交易活动的掣肘。因此，市场参与者制定ISDA主协议，将含有“非经济”的条款，如陈述与保证、违约事件和终止事件等制定为统一标准，这将使交易对手方只需要谈判“经济”条款，即费率或价格、金额、期限、抵押等。ISDA主协议还对便利支付净额结算和净额交割作出了规定。在一个净额交割是强制性的国家法律辖区内，ISDA主协议下的所有交易会成为对手方之间的“单一协议”，以取代多个分别制定的独立合同。交易的确认书被视作该交易的法律证据，并且每个交易都被纳入ISDA主协议。

主协议的附录如信贷支持附录被用于进一步定义个人交易的条款和条件。从对手方风险暴露角度考虑，主协议中净化的条款赋予各方在通常的每日盯市基础上以一个净额基础去计算单独的双边金融风险暴露。净化条款是指来自各方的双边支付被删除且只保留一个轧差数量的支付。这些协议的操作过程大幅精简且协议具有权威性，提高了交易的效率。ISDA主协议被称为金融世界中最重要的标准化市场协议。

（二）场外衍生品市场的结算机制

场外衍生品的结算既可以在作为中央对手方（CCP）的结算所进行，也可以在双边基础上进行。OTC交易是否在CCP基础上结算，取决于合约条款的标准化程度。利率互换和违约互换一般具有最高程度的标准化，因此易于引入以结算所为中央对手方的结算模式。结算所基于其风险控制政策有权去决定结算一个合约的合理性。如果没有采用CCP结算，交易持仓存在于交易对手双方。在许多情况下，对手方将进行担保以覆盖双边信用风险。绝大部分外汇互换、商品互换和股票互换是双边结算。目前，大约1/3的场外衍生品市场的名义数额通过中央对手方清算，从而控制和管理了风险。交易所交易衍生品总是通过中央对手方集中清算，从而保证了风险头寸被充分担保。对于不是CCP结算的场外衍生品，风险可以通过双边担保措施降低，即缴纳资产保证交易顺利完成，而份额约为32%的衍生品的风险敞口没有开展担保。

三、场外衍生品市场的现状

除了在交易所交易的衍生品外，全球还有数量庞大、种类繁多的场外衍生品。然而，由于定价的协商性、产品的定制性、流通的不便利性以及清算的非集中性等特点，场外衍生品市场规模的测算变得非常困难。国际清算银行(BIS)每半年进行一次调查，可以提供一些数据支持。由于风险转让标的不同，OTC衍生品被划分为不同的资产类别。被广泛认同的资产类别主要包括：①利率类。通常是固定对浮动利率的互换，还有远期利率协议(FRA)、利率帽子和货币间利率互换等。②货币类。货币互换双方互换的是货币，它们各自的债权债务关系并没有改变。初次互换的汇率以协定的即期汇率计算。货币互换的目的在于降低筹资成本及防止汇率变动风险造成的损失。③股票类。股票类经常以多篮子股票或某个股票指数产品为标的进行互换，如股票收益互换。④商品类。商品类经常是临时、本地化或混合商品互换，如油价互换。

场外衍生品市场具有品种丰富、可定制化程度高、结构灵活等优点，受到企业的喜爱。场外交易市场规模相当大。BIS调查数据显示，场外衍生品市场的规模占到了全球衍生品市场的90%左右，远高于场内衍生品市场的规模。可以预见，场外衍生品市场在我国有非常大的发展潜力。

场外商品类衍生品以商品互换为主。场外商品类衍生品主要在以下三个平台进行交易：第一，大宗商品电子交易市场，其主要参与者是产业机构及贸易商，主要进行现货交易，也存在远期交易。在2011年及2012年的高频整顿之后，各大宗电子交易市场的远期交易形式有所抑制。第二，金融机构柜台市场，主要进行期权交易、互换交易，开展的远期交易不多。期货子公司逐年增长，中国期货业协会公布的数据显示，截至2019年12月，共有86家期货公司设立了风险管理子公司。期货子公司场外衍生业务的主要参与者为产业机构，业务类型以商品类衍生品业务为主，没有开展金融类远期业务。第三，机构间报价系统推出场外期权交易、收益互换两种类型，目前开展的交易类型基本为场外期权。商业银行最早开展场外衍生品业务，也是体量最大的参与主体。证券公司是场外衍生品交易的活跃主体。但两者主要参与场外金融衍生品交易：商业银行主要参与利率类、汇率类衍生品交易；证券公司主要参与收益互换类、期权类衍生品交易，较少参与商品类衍生品交易。此外，基金公司、私募机构也主要参与场外金融衍生品交易。场外衍生品交易的市场参与者绝大部分通过柜台市场进行交易。作为对冲手段的互换协议已经引发互换市场规模和结构的巨大变化。在互换市场发展早期，大部分互换协议的标的物为金融资产。事实上，即便是今天，大部分未结清互换协议也是针对利率或者货币。BIS统计显示，截至2015年底，场外金融衍生品总值为156兆亿美元，而相关商品场外合约总值仅为9兆亿美元。可见，在场外衍生品市场中，金融的份额远远高于商品。BIS在2015年12月的调查报告中估计，场外期权在利率、货币、股票和商品期权上持有的名义本金为76兆美元，其市场价值大约为2.1兆亿美元。

四、场外衍生品市场的主要功能

相较于国际场外衍生品市场的发展历史和成交规模，我国场外衍生品市场尚处于起步阶段，但我国场外衍生品市场的功能在不断强化。场外衍生品业务为市场提供了更多的避险工具，满足了市场中投资者的多样化需求，不仅优化了产品结构，改善了理财产品的收益特征，也丰富了市场投资策略，有助于优化资产配置。

(一)管控市场风险

场外衍生品市场最重要的功能是进行市场风险的管控，即确保投资者面临的市场风险能控制在合理范围之内。这一最大限度降低或消除风险的功能，通常被称为套期保值，它意味着场外衍生品可以保障企业和金融机构规避不希望的标的价格变动的风险。例如，一家航空公司通过使用一个煤油远期合约可以锁定在未来时间点上需要的燃料油的价格。因此，场外衍生品可以最小的前期投资，起到限制企业现金流波动的作用。与期货工具相比，场外衍生品能够控制套期保值的基差风险，大大提高套期保值的效率。这反过来又为企业发现价格、稳定经营和提高生产率提供了支撑。场外衍生品作为场内交易的补充，能进一步提高场内交易的灵活性和多样性，以及交易主体的积极性，助力金融市场的健康发展。

(二)把握价值机会

场外衍生品市场的另一个基本功能是让投资者获得更多的投资机会，即能够让投资者根据对未来价格变化的预期来实现投资获利。借助于场外衍生品市场的交易活动，投资者可以有效地获得对未来价格的判断，并增加了市场参与者可获得信息的数量，进而提高整个市场的价值评估和配置效率。此外，场外衍生品市场也允许投资者在预期潜在资产价值下降时在市场上建立相应的获利持仓。在此情况下，投资者将购入一个卖空场外衍生品的合约，并将其作为一项他们认为在一个特定的未来时间点标的资产被高估的投资。如果资产价值真的下跌，这一投资就是成功的。这样的策略对于金融市场有效地发挥价格发现的功能是非常重要的，因为它降低了资产价值被过分低估或高估的风险。

（三）丰富投资工具

场外衍生品市场能够为投资者提供更多元化、个性化的投资工具。一般而言，衍生品以场内和场外两种方式存在：场内市场即面向公众的交易所市场，以公开透明及标准化期货、期权为特征；场外市场即面向机构的银行间柜台市场，以透明度差及个性化产品为特征。根据 BIS 的统计，截至 2007 年末，全球三大类衍生品在场内和场外的交易额比例关系分别为：利率类 17%/83%、货币类 0.6%/99.4%、股票类 50%/50%。不难发现，由于产品创新更为活跃，场外衍生品日益成为投资者所青睐的投资品。场外衍生品还是一种不必买入标的资产就可以实现投资的投资，能够让投资者投资于不能直接购买的标的和风险。例如，信用衍生品在债权人违约债券时提供补偿金支付，天气衍生品在指定位置的温度超过或低于预定的参考温度时提供现金赔偿。

（四）降低交易成本

近年来，场外衍生品市场的相对吸引力至少可以部分归因于这样一个事实，即场外交易市场也拥有场内市场交易的优势，显著降低了交易成本。由二十国集团（G20）推动的场外衍生品市场改革的两个主要支柱，即中央清算和电子交易平台，降低了交易对手风险和交易成本，提高了交易速度。在场外更有效、更迅速地压缩交易时间可以最大限度地减少未平仓合约的名义金额，从而降低监管成本。这些收益似乎超过了包括美国和欧盟在内的大多数司法管辖区实施的已结算和未结算衍生品的保证金和抵押要求相关的成本。于是，买入欧洲主要股指衍生品合约的总交易成本大约比购买标的股票的投资组合低 60%。如果和投资流动性较差的资产如房地产的成本比较，场外衍生品和标的资产的直接投资之间的成本差异更为显著。

综上所述，场外衍生品可以方便地按照任何客户的需要被定制，能够促进产品的快速创新和满足实体经济快速发展的需要。目前，世界上场外衍生品的种类成千上万，大大多于场内衍生品的种类。世界各地的企业和投资者不仅可以有效地利用场外衍生品来对冲风险和发现价格，降低未来价格的不确定性，也可以进行投资，帮助投资者以较低的成本获得更好的回报。因此，场外衍生品发挥的重要市场功能，使其对全球金融体系和实体经济而言不可或缺。

第二章 场外衍生品的定价理论与模型

第一节 远期合约的定价理论与模型

一、远期合约的定价理论

远期合约(Forward Contract)是指双方约定在将来某一时间以事先约定的价格购买或出售一定数量的某种资产(商品、金融资产或者指数)的协议。远期合约的多头方(Long Position)愿意在未来的某个时间按照某个确定的价格买入标的资产，远期合约的空头方(Short Position)愿意在未来的某个时间按照某个确定的价格卖出标的资产。与期货不同的是，远期合约使买卖双方承担在到期日按照约定价格进行交易的义务。远期合约一般是场外交易，在机构之间或者机构与其客户之间进行。远期合约一般不是标准化的合约，由买卖双方商谈决定合约细节。远期合约的主要缺陷是缺乏流动性。

经济学中有一个被称为“一价定律”的基本定律。一价定律是指两份相同的资产在两个市场中报价必然相同，否则一个市场参与者可以进行所谓无风险套利，即在一个市场中低价买进，在另一个市场中高价卖出。最终原来定价低的市场因对该资产需求增加而使其价格上涨，而在原来定价高的市场该资产价格会下跌，直至最后两个报价相等。因此，场外衍生品市场的供求力量会产生一个公平而有竞争力的价格，使套利者无从获得无风险利润。一价定律是金融类资产定价的基本理论。远期定价的原理就是“一价定律”。

二、远期合约的定价模型

任何经济的或金融的定价模型都是建立在一定的假定之上的，远期定价模型的基本假定包括：①无交易费用，交易数量可以无限细分；②所有交易利润的税率相同；③所有的交易参与者可以按照相同的无风险利率借入或者贷出资金；④套利机会一旦出现，就会被市场参与者察觉，从而使市场不存在无风险套利机会。在 John C. Hull(1998)等学者关于衍生工具定价的文献中，一般认为期货和远期有相同的定价模型。

下面我们分析如何把远期合约的价格表示为标的资产现行的市场价格、无风险利率等已知变量的函数。远期合约定价相对于期货合约要容易分析一些，因为期货合约中涉及每日结算(盯市)，比较复杂，而远期合约只在到期日结算一次。虽然如此，给定到期日的期货合约的价格与相同到期日的远期合约的价格极其接近。因此，一般情况下我们可以将期货合约的价格和远期合约的价格相互替代。远期定价模型分析如下：

远期合约的损益(Profit and Loss)由基础资产实际市场价格与合约执行时敲定价格的关系决定。由于签署远期合约没有成本支出，所以合约的损益也就是投资者从该合约中所得到的总盈利或者亏损。通常，一单位资产的远期合约多头和空头的损益分别是：

$$\text{多头损益}=S_t-K \tag{2-1}$$

$$\text{空头损益}=K-S_t \tag{2-2}$$

其中，K 表示交割价格，S_t表示合约到期时资产的即期价格。如果市场价格上涨，高于合约的交割价格，那么远期合约的买方获益、卖方受损；如果市场价格下跌，低于合约的交割价格，那么买方受损、卖方获益。我们用远期定价模型说明这种关系。远期合约买方的损益图与直接拥有基础资产的损益图相似，价格的上涨使资产所有者的财富增加。我们可以用离散时间和连续时间两种方法来分别表述远期定价模型。

在远期合约到期之前，标的资产不必有任何形式的支付(如红利)，因此我们称之为零漏出资产(Zero-Leakage Asset)。如果标的资产要进行一些净现金流的支付，那么我们就说这个远期合约是建立在离散型漏出资产(如红利只在某些特定的月份进行支付)或连续型漏出资产(如每天银行存款都有利息支付)上的。

下面我们重点介绍国际市场上的各种远期定价方法和模型。

(1)无套利定价法

无套利定价法的基本思路为：构建两种投资组合，让其终值相等，则其现值一定相等；否则，进行套利，即卖出现值较高的投资组合，买入现值较低的投资组合，并一直持有到期末，套利者就可赚取无风险收益。众多套利者这样做的结果，就是使较高现值的投资组合价格下降，而较低现值的投资组合价格上升，直至套利机会消失，此时两种组合的现值相等。这样，我们就可根据两种组合现值相等的关系求出远期价格。

为了给无收益资产的远期定价，首先引入下列符号：T 为远期合约到期的时间(单位为年)；t 为现在的时刻(单位为年)；S 为标的资产现在的价格；K 为远期合约中的协定交割价格；f 为 t 时刻远期合约的价值；F 为 t 时刻的远期价格；r 为按连续复利计算的无风险年利率。

远期合约是免费进入的，故在任何时刻，远期价格总是使得合约价值为零的那个协定交割价格，也就是说，F 是使 $f=0$ 的那个 K 值。

接着，我们可以构建如下两种组合：

组合 A：一份远期合约多头加上一笔数额为 $Ke^{-r(T-t)}$ 的现金。

组合 B：一单位标的资产。

在组合 A 中，$Ke^{-r(T-t)}$ 的现金以无风险利率 r 投资，投资期为 $(T-t)$，到 T 时刻，其金额将达到 K。这是因为，在连续复利的情况下，$Ke^{-r(T-t)}e^{r(T-t)}=K$。

在远期合约到期时，这笔现金刚好可用来交割一单位标的资产。这样，在 T 时刻，两种组合都等于一单位标的资产。

根据无套利原则，这两种组合在 t 时刻的价值必须相等，即

$$f+Ke^{-r(T-t)}=S$$

$$f=S-Ke^{-r(T-t)} \tag{2-3}$$

式(2-3)表明，无收益资产远期合约多头的价值等于标的资产现货价格与交割价格现值的差额。或者说，一单位无收益资产远期合约多头可由一单位标的资产多头和 $Ke^{-r(T-t)}$ 单位无风险负债组成。

【例 2-1】　假设有一份标的为菜籽油的剩余期限为 6 个月的远期合约多头，其交割价格为 960 美元，6 个月期的无风险年利率(连续复利)为 6%，菜籽油的现货价格为 940 美元。

根据式(2-3)，可以算出该远期合约多头的价值：

$$f=940-960e^{-0.5\times0.06}=837 \text{ 美元}$$

(2)现货-远期平价定理

从理论上讲，合理的远期价格(F)是指使远期合约价值$f=0$的交割价格，换言之，当远期合约$f=0$时，$F=K$。据此，可以令式(2-3)中$f=0$，则

$$F=S\cdot e^{r(T-t)} \tag{2-4}$$

【例2-2】 假设一年期的菜籽油价格为960美元，3个月期无风险年利率为5%，则3个月期的该菜籽油远期合约的交割价格为

$$F=960e^{0.05\times0.25}=972 \text{ 美元}$$

这就是无收益资产的现货-远期平价定理(Spot-Forward Parity Theorem)，或称现货期货平价定理(Spot-Futures Parity Theorem)。式(2-4)表明，对无收益资产而言，远期价格等于其标的资产现货价格的终值。

为了证明式(2-4)，我们用反证法证明等式不成立时的情形是不均衡的。

假设：$F>Se^{r(T-t)}$，即交割价格大于现货价格的终值，套利者可以按无风险利率r借入S现金，期限为$T-t$。然后用S购买一单位标的资产，同时卖出一份该资产的远期合约，交割价格为F。在T时刻，该套利者可将一单位标的资产用于交割换来F现金，并归还借款本息$Se^{r(T-t)}$，就实现了$F-Se^{r(T-t)}$的无风险利润。

若$Se^{r(T-t)}<F$，即交割价值小于现货价格的终值，套利者就可进行反向操作，即卖空标的资产，将所得收入以无风险利率进行投资，期限为$T-t$，同时买进一份该标的资产的远期合约，交割价为F。在T时刻，套利者收到投资本息$Se^{r(T-t)}$，并以F现金购买一单位标的资产，用于归还卖空时借入的标的资产，从而实现$Se^{r(T-t)}-F$的利润。

例如，我们考虑一个甲醇远期合约，标的商品不支付红利。合约的期限是3个月，假设标的商品现在的价格是1400元，连续复利的无风险年利率为5%，那么这份远期合约的合理交割价格为

$$F=1400e^{0.05\times0.25}=1417.5 \text{ 元}$$

如果市场上该合约的交割价格为1396.5元，则套利者可以卖出股票，并将所得收入以无风险利率进行投资，期末可以获得1417.5-1396.5=21元。反之，如果市场上的远期合约的交割价格大于1417.5元，套利者可以

借钱买入甲醇并卖出远期合约，期末也可以获得无风险的利润。

(3)远期价格的期限结构

远期价格的期限结构描述的是不同期限远期价格之间的关系。设 F 为在 T 时刻交割的远期价格，F^* 为在 T^* 时刻交割的远期价格，r 为 T 时刻到期的无风险利率，r^* 为 T^* 时刻到期的无风险利率，$\hat{r}$ 为 T 到 T^* 时刻的无风险远期利率。对于无收益资产，由式(2-4)可知，

$$F=Se^{r(T-t)}$$

$$F^*=Se^{r^*(T^*-t)}$$

两式相除消掉 S 后

$$F^*=Fe^{r^*(T^*-t)-r(T-t)} \tag{2-5}$$

根据式(2-5)，可以得到不同期限远期价格之间的关系：

$$F^*=Fe^{\hat{r}(T^*-T)}$$

【例 2-3】　假设甲醇 6 个月远期的价格为 20 元，目前市场上 6 个月至 1 年的远期利率为 8%，求该甲醇 1 年期的远期价格。

根据式(2-5)，该甲醇的 1 年期远期价格为

$$F^*=20\times e^{0.08\times 0.5}=20.82\text{ 元}$$

(4)考虑成本与红利的远期合约定价模型

实物远期(如早籼稻远期、大豆远期、天然气远期和民用燃料油远期)也可以通过现购自运套利来进行定价，但是我们必须考虑仓储费用和所谓的便利收益(Convenience Yield)。如果 g 是每期仓储费用所占的比例，那么在 $t=0$ 时刻买入的现货在 $t=T$ 时刻的成本是 $Se^{(r+g)(T-t)}$。因此，无风险套利在理论上保证了

$$F=Se^{(r+g)(T-t)} \tag{2-6}$$

但是，我们发现通常实物远期是处于现货溢价的，即 $F<Se^{(r+g)(T-t)}$，如果考虑便利收益率 y，则 F 的表达式为

$$F=Se^{(r+g-y)(T-t)} \tag{2-7}$$

考虑商品的便利收益，就会发现这个结果是合理的。实物远期(如早籼稻远期)的持有者具有在商品供应短缺时(如早籼稻尚未成熟时)提供商品给客户的附加优势，这样可以维持客户的忠诚度。这种“便利”状态是有价值的，我们把它表示为便利收益。这个便利收益与利用未来现货价格的变化进行投机是不同的。便利收益的存在可以防止当现行的即期价格比

式(2-6)给出的远期价格高时(这暗示着商品的供应处于短缺状态)，出现现购自运套利。此外，当卖空商品比较困难时，便利收益还可以防止公平的远期价格受到套利的影响。举个例子：如果 *XT*(商品为原油)比公平的远期价格高，那么套利活动要求卖出或卖空原油现货，同时买入远期。卖空将会要求借入原油来满足现货市场的交割要求，但是如果原油的生产者不能将原油现货运往要求的目的地，这样的套利就不会实现。

第二节　互换的定价理论与模型

一、互换的定价理论

互换(Swap)又称掉期，是指交易双方根据事先约定的规则，在将来交换一系列现金流量(如本金、利息、价差等)的交易合约。作为一种场外交易的衍生产品，互换自 1981 年诞生以来，日益受到投资者的欢迎和追捧。互换不仅有较强的灵活性，而且可以省去使用期权、期货等金融工具对头寸的日常管理和经常性调整的烦琐。最常见的互换品种是利率互换和货币互换，此外，还有股票互换和商品互换。

互换在本质上是一系列远期合约的组合，因此，互换的定价可以通过一系列远期合约价格的组合得到。互换的定价理论主要有比较优势理论和时间价值理论。

(一)比较优势理论

比较优势(Comparative Advantage)理论是英国著名经济学家大卫·李嘉图(David Ricardo)提出的。李嘉图继承并发展了斯密的绝对优势理论，提出比较优势理论。他认为，在两国都能生产两种产品，且一国在这两种产品的生产上均处于有利地位，而另一国均处于不利地位的条件下，如果前者专门生产优势较大的产品，后者专门生产劣势较小即具有比较优势的产品，那么通过专业化分工和国际贸易，双方都能受益。他认为，尽管由于气候、土壤、矿藏等自然条件和劳动熟练程度、技术等人为条件的差异，某些国家在商品生产上拥有绝对优势，而另一些国家处于绝对劣势，这些国家仍有实行专业化并参与国际贸易的必要和可能，因为它们都拥有比较优势。李嘉图的比较优势概念既指绝对优势中的最大优势，又指绝对劣势中的最小劣势，并把斯密的绝对优势概念作为比较优势的一个特例。

李嘉图的比较优势理论不仅适用于国际贸易，而且适用于所有经济活动。互换是比较优势理论在金融领域最生动的运用。根据比较优势理论，只要满足以下两个条件，就可进行互换：①双方对对方的资产或负债均有需求；②双方在两种资产或负债上存在比较优势。比较优势是互换业务产生的原因，也是互换定价的基础。

比较优势理论的核心在于：在同一时期不同的经济事务中，只要其中存在优势（不管是绝对优势还是比较优势），那么为充分利用这种优势而进行的分工和交换就是合理的和必需的。再往深层次分析，这种分工和交换体现出从利用比较优势向利用绝对优势转移的长期趋势，直至比较优势消失，只存在绝对优势，则这种分工最彻底。

在财务安排和融资过程中，筹资者由于信用等级不同、所处地理位置不同、对不同金融工具使用的熟练程度不同、取得资金的难易程度不同等，在筹资成本上拥有比较优势。这种比较优势的存在，使筹资者之间能够达成互换协议，在各自领域各展所长，然后相互交换债务，从而达到降低筹资成本的目的。

（二）时间价值理论

金融互换实际上就是约定在未来一段时间内，通常是 2~10 年，彼此交换一系列的现金流。互换定价就是衡量这两笔方向相反的现金流的价值，在充分考虑信用风险等因素后，确定谁向谁支付一笔差额。但是，货币在不同的时点上有不同的价值，并会随着时间的推移而增值，这就是货币时间价值理论。今天的 1 元钱与一年后的 1 元钱价值是不同的，因为可以把这 1 元钱存入银行，那么一年后，除了 1 元钱的本金外，还有利息收入。

关于利息的来源，有时差说、等待说，也有人认为利息是对放弃流动性偏好的报酬，但利息实际上来源于生产过程中的剩余价值。在商品经济中，由于借贷关系的产生，资本所有权开始与资本经营权分离。资本也分化为借贷资本和生产资本。借贷资本所有者通过向生产者让渡资本的经营权来参与社会平均利润的分配，利息是平均利润的一部分。因此，利息率介于零和平均利润率之间。

计算货币时间价值，需要掌握不同时间收到或付出的货币资金所反映的不同价值之间的数量关系，并通过计算量化它们的现值或终值。所谓“现值”，就是指以后年份所取得的资金的现在价值，即开始投入的货币值，相当于银行存款的本金。所谓“终值”，是指未来某一时间的本金和利息之和，即经过一定时间增值后的货币值。终值是现值增加了货币时间价值的结果。

设现值为 A，利率为 r，期数为 n，n 年后的终值为 F_n，则

$$F_1=A+A\times r=A\times(1+r)$$

$$F_2=F_1\times(1+r)=A\times(1+r)^2$$

$$F_3=F_2\times(1+r)=A\times(1+r)^3$$

依此类推，

$$F_n=A\times(1+r)^n$$

由 n 年后的复利终值 F_n 求现值，即

$$A=F_n\times\frac{1}{(1+r)^n}$$

互换的原则是进行等价交换，互换定价中也需体现这个原则。通过对固定利率或浮动利率现金流时间价值的计算，人们可以把不同时点收到或支出的货币额统一折算现值后加以比较，在充分考虑信用风险、资金可得性、佣金等因素后，确定一个比较合理的互换双方都能接受的价格。

二、互换的定价模型

作为一种金融产品，根据互换结构来进行定价至关重要。对互换的定价，既有利于产品的标准化以及在未来的交易，也会催生金融套利，促进市场的均衡。互换定价方法有两种：一种是将互换视为金融套利工具，这种方法比较适合利率互换、货币互换；另一种是将互换视为债券或者远期合约的组合，通过分解进行定价，便可以得出互换工具的价格。由于套利功能并不强大，因此一般情况下都用后面一种方法来定价。下面分别介绍在无违约条件下的两种定价方法和违约条件下的定价思路。

（一）债券价格法

商品价格互换的第一种定价方法是将商品价格互换看成两个债券，可

理解为在买入一个债券的同时卖出一个债券，先做出以下假设：①市场是没有摩擦的，没有交易成本、没有税收，可以自由买空卖空；②互换交易在时间上是连续的；③互换交易不存在违约风险；④短期利率是常数 r，短期便利收益是常数 S；⑤商品价格服从随机微分方程 $\mathrm{d}S_t=\mu S_t\mathrm{d}t+\sigma S_t\mathrm{d}B_s$，其中 μ 是价格漂移率，σ 是价格波动率，$\mathrm{d}B_s$ 是标准维纳过程；⑥市场无套利。

商品价格互换的价格流见图 2-1。

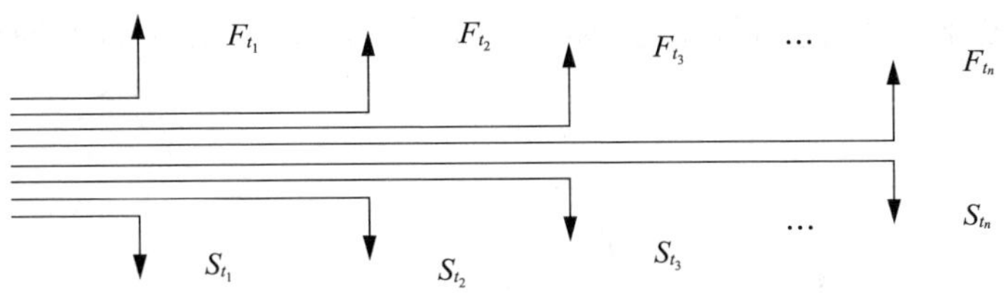

图 2-1　商品价格互换的价格流

商品价格互换（最基础）的现金流交换方式可以做如下安排：B 同意 A 在 t_1，t_2，…，t_n 向 N 个单位商品支付固定价格 F_t 美元，而 B 在 t_1，t_2，…，t_n 支付给 A 的该商品即期价格为 S_t；在 t_1 时，A 可以获得的净收益为

$$V_{t_1}=N[\mathrm{PV}(F_{t_1})-\mathrm{PV}(S_{t_1})]$$

其中，PV（Present Value）代表现值。类似地，可以推广到 t_1，t_2，…，t_n期。我们可以分别计算出商品价格互换在 t_2，…，t_n发生的现金流的现值，加总后再求得互换价值 V_t，即

$$V_t=\sum_{i=1}^{n}\mathrm{PV}(F_{t_i})-\sum_{i=1}^{n}\mathrm{PV}(S_{t_i}) \tag{2-8}$$

考虑复利情况下的折现因子，若 $t>1$，$\mathrm{PV}(X)=X\cdot e^{-r(T-t)}$，其中，$r$ 代表无风险利率，式（2-8）可变为 $E(S_{t_i}e^{-r(t_i-t)})$、$e^{-r(t_i-t)}E(S_{t_i})$。根据无套利原理，合约的初始价值必然为 0，即 V_t 为 0，那么只要知道 S 和 r，就可以求出互换合约的理论价格，则有

$$E[S_{t_i}e^{-r(t_i-t)}]、e^{-r(t_i-t)}E(S_{t_i})$$

要求出商品价格互换的定价，需要知道即期的价格 S_t 和 r，而对这两个因素的考虑，就会出现单因素和多因素的定价模型。单因素模型是指只

考虑即期价格 S，服从随机微分方程；而在双因素模型中，考虑价格时，也考虑到了便利收益的随机波动情况，实际上这也是一个随机变化的过程，有学者在研究时考虑到这一点，将模型推导到了三因素模型，该模型不属于本书研究的重点，这里不做进一步阐述。

（二）远期价格法

现在来介绍第二种方法——金融工程中的分解组合原理，即互换也可以看成是一系列远期合约的组合，利率互换和货币互换可以应用这种思想进行分析，而商品价格互换同样可以看成是一系列的远期合约，见图2-2。

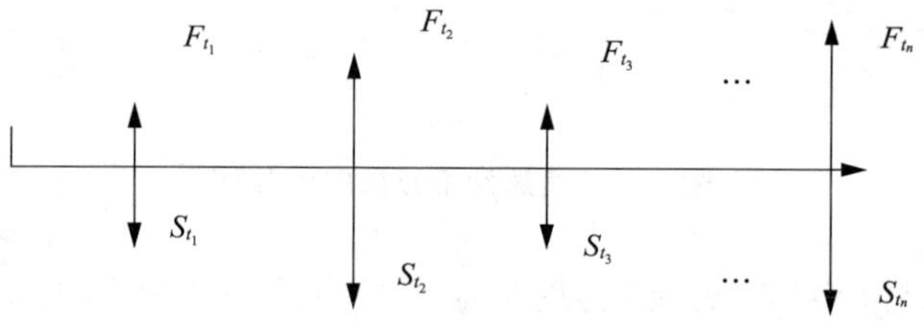

图 2-2　商品价格互换分解组合

例如：一个基本的固定价格同浮动价格的石油互换，可以看成是石油生产商签订了一系列远期合约按照固定价格出售一定数量的石油。石油生产商同意每隔 6 个月按 40 美元/桶的价格出售 100 万桶石油，而用户也同意按这个价格每 6 个月来购买，这样就相当于石油生产商签订了期限为 6 个月至 3 年的远期合约来出售石油，但是互换中要求的结算浮动价格必须是前 6 个月的平均价格，而非 6 个月时的价格，因此商品价格互换被分解成了一系列远期合约，其价格分别为 f_{t_1}，f_{t_2}，…，f_{t_n}，而非 6 个月的远期合约，我们可以通过计算给出相应的商品互换定价模型。

影响到远期价格的因素已经在第一种方法中介绍过，变量包括便利收益率、利率、现期价格，这里不再赘述。定价方法如下：

$$F=Se^{-(r+h-c)T}$$

t_i时刻的远期合约价值为

$$f_{t_i}=[F-S_t]e^{-r(t_i-t_0)}$$

价格互换被分解成了一系列远期合约，从而可以推算出商品价格互换

的定价，即

$$f = \sum_{i=1}^{n} [F - S_t] e^{-r(t_i - t_0)}$$

（三）考虑违约情况的互换的定价模型

在上述两部分内容中，假设不存在违约风险，但是在现实生活中，商品价格互换是存在违约风险的，因此在这一部分中，我们将违约风险作为一个重要因素加以考虑。前文中提到，在结构上，商品价格互换和利率互换是一致的，在定价上也是相似的，那么借鉴利率互换存在违约情况下的定价，可以得到违约情况下商品价格互换定价的推论。

接下来，我们进行信用风险的估计，之后与商品价格互换结合。符号含义如下：t 代表商品价格互换的日期；Q 代表名义资本金额；S_{t_i}代表商品价格互换中的浮动价格；F_t 代表商品价格互换中的固定价格；P_t^x 代表 t 时刻 x 的违约概率；V'_t 代表在 t 时刻商品价格互换合约的价值（从合约的买方 A 出发）；V_t 代表在 t 时刻商品价格互换合约的无违约远期价值。

在商品价格互换中，对互换交易者而言，互换的价值可能是正值（形成交易者的资产），也可能是负值（形成交易者的负债），对买卖双方（A、B）而言，都存在以下的互换合约的风险损失价值，见图 2-3。

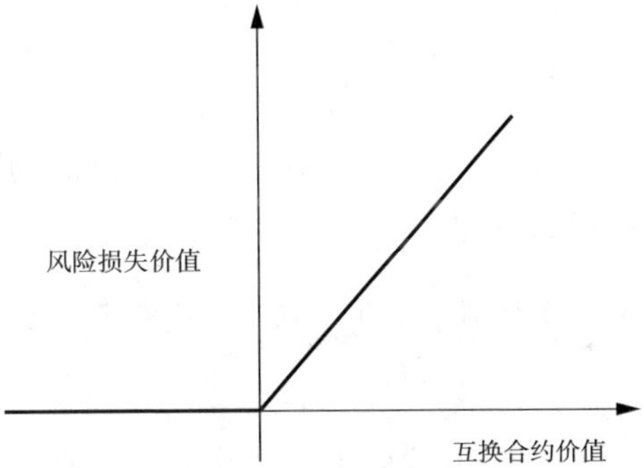

图 2-3 互换的风险损失价值

用代数式来代表该风险损失价值：$\max(P_t^B \cdot v, 0)$。

其中，v 是对于 A 方的无违约价值；P_t^B 是 B 方的违约概率。

如果在 t 时刻有 $V_t \geq 0$，那么 B 就会选择违约，这时合约的价值可以表

示为

$$V_t=\begin{cases}0，\text{概率为 } P_t^B\\ V_t，\text{概率为 } 1-P_t^B\end{cases}$$

其中，P_t^B 为交易对手 B 在 t 时刻的条件违约概率。

同样，当 $V_t<0$ 时，A 会违约，互换的价值为

$$V_t=\begin{cases}0，\text{概率为 } P_t^A\\ V_t，\text{概率为 } 1-P_t^A\end{cases}$$

考虑这两种情况，互换的价值可以表示为

$$E(V')=V_t\times[l_{V_t\geqslant 0}\times(1-P_t^B)+l_{V_t<0}\times(1-P_t^A)]$$

其中，l_{V_t}是一个虚拟变量，当事件 V_t 为真时，$l_{V_t}=1$，否则，$l_{V_t}=0$，即有

$$l_{V_t\geqslant 0}=\begin{cases}1，\text{当 } V_t\geqslant 0\\ 0，\text{当} V_t<0\end{cases}$$

$$l_{V_t<0}=\begin{cases}0，\text{当 } V_t\geqslant 0\\ 1，\text{当} V_t<0\end{cases}$$

回到商品价格互换的价值上，类似于上述债券定价法，合约在 t_k时刻的远期价格是 t_{k+1}时刻互换的远期价值贴现到 t_k，再加上支付的净现金流的贴现，具体如下：

$$V_{t_k}=E\left(D_{t_k,\ t_{k+1}}\times V'_{t_{k+1}}+\int_{t_k}^{t_{k+1}}D_{t_k,\ t}du_t\right)$$

其中，D 代表折现因子，前半部分代表远期价值的贴现，后半部分代表时间过程中累计红利的过程。由于在互换中交换现金流的过程只有一次，因此后半部分也可以表示为$E\left(\int_{t_k}^{t_{k+1}}D_{t_k,\ t}du_t\right)=[E(S_{t_k}-F_t)]Q=(S_{t_k}-F_t)Q$

那么

$$V_{t_k}=D_{t_k,t_{k+1}}\times E(V'_{t_{k+1}})+(S_{t_k}-F_t)Q \tag{2-9}$$

将 $E(V'_{t_{k+1}})$用违约时的情况来表示，式(2-9)可以表示为

$$V_{t_k}=D_{t_k,t_{k+1}}\times V_{t_{k+1}}\times[l_{V_{k+1}\geqslant 0}\times(1-P_{t_{k+1}}^B)+l_{V_{k+1}<0}(1-P_{t_{k+1}}^A)]+(S_{t_k}-F_t)Q$$

用递归求解的方法可以求出第一期的 V_0：

$$V_0=\sum_{k=1}^{T}D_{0,\ t_k}(S_{t_k}-F_t)Q\prod_{t=1}^{k}[l_{V_{t_k}\geqslant 0}(1-P_{t_k}^B)+l_{V_{t_k}<0}(1-P_{t_k}^A)]$$

根据无套利定价原理，第一期互换合约的价值为 0，即 $V_0=0$，从而可以求出 F_t 的价值。

D 可以从贴现因子集得到，S 可以从期货市场得到，那么要对一份互换合约进行定价，最重要的问题在于如何求出不同行业乃至公司的违约概率 P。

对违约概率的估计对于评估信用风险是非常重要的，因为只有对对手方（借款人）的违约概率作出科学测度，银行才能精确地计算出预期损失的金额，从而进行科学定价以及风险管理，但这并不是本书研究的重点，这里不详细阐述。目前，西方对于违约概率的测度方法包括基于内部信用评级历史资料的测度、基于期权定价理论的测度、基于保险精算的测度及基于风险中性市场原理的测度等，《巴塞尔协议》也用历史违约经验、统计模型和外部评级映射三种方法来衡量违约概率。

第三节　场外期权的定价理论与模型

一、场外期权的定价理论

期权定价理论是金融学中最基本的研究课题之一。对期权进行正确估价是实现期权风险管理功能的关键，也是场外期权市场快速发展的重要支撑。在期权交易所上市的场内期权和在场外市场上市的场外期权的定价和使用原则几乎是相同的。但是由于类型不同，场外期权有一些明显的结构改变。场外期权定价研究得出的基本原理和方法被广泛应用于宏观、微观经济和管理问题的分析和决策中，其中在财务方面的应用最为集中，在投资决策等方面也有广泛的应用。

（一）基本理论

1973 年，美国芝加哥大学教授布莱克（F. Black）和舒尔斯（M. Scholes）发表《期权与公司负债定价》一文，提出了 B-S-M 模型。一个月后，芝加哥期权交易所正式挂牌第一个标准化期权合约。得州仪器随即推出固化了 B-S-M 模型的期权计算器，并迅速进行推广。同年，麻省理工学院的默顿

(R. C. Merton)独立提出一个更为一般化的模型，并进行了一系列改进和完善。B-S-M 模型的诞生成为一场里程碑式的革命，影响深远。它在期权定价实践中占据着主导地位，至今无可取代。

B-S-M 模型给期权定价的基本思想是无套利复制。股票价格与期权价格受到同一种不确定性的影响，两者遵循相同的几何布朗运动，只是对随机因素变化的反应程度不同。通过构造一个包含恰当数量标的股票和期权的投资组合，可以消除不确定性，构成一个无风险的资产组合。在一个无套利市场中，该资产组合的收益必定等于无风险利率。B-S-M 模型给出了欧式股票期权的定价公式，但其模型建立在严格的假设前提下，具体包括以下六点：①股票价格的随机过程遵从几何布朗运动；②股票在期权有效期内无红利及其他现金收益；③市场是无摩擦的，不存在税收和交易费用；④允许卖空股票，且股票是完全可分的；⑤无风险利率为常数，投资者能以此利率贷入资金；⑥不存在无风险套利机会。

由此可以得到期权价格的 B-S-M 微分方程：

$$rf=\frac{\partial f}{\partial t}+rS\frac{\partial f}{\partial S}+\frac{1}{2}\sigma^2S^2\frac{\partial^2 f}{\partial S^2}$$

此外，还可以得到 B-S-M 模型下的期权定价公式：

$$f(S,\ t)=SN(d_1)-Xe^{-r(T-t)}N(d_2)$$

$$d_1=\frac{\ln(\frac{S}{X})+(r+\frac{1}{2}\sigma^2)(T-t)}{\sigma\sqrt{T-t}}$$

$$d_2=\frac{\ln(\frac{S}{X})+(r-\frac{1}{2}\sigma^2)(T-t)}{\sigma\sqrt{T-t}}$$

其中，$N(\cdot)$是标准正态分布函数；S 为标的资产的价格；t 为现在的时刻；X 为执行价格；r 为无风险利率；T 为到期日。

B-S-M 期权定价公式的优点：不再有主观变量。在 B-S-M 模型中，期权价格所依赖的变量都是可观察得到的，如股价、执行价格、到期期限、无风险利率和股价的波动率(可由历史数据估计)，这使得 B-S-M 模型使用起来非常方便。B-S-M 微分方程也适用于其他金融衍生品，只是在不同的边界条件下，数学上可能找不到衍生品价格对应的解析解，需要用数值方法来求解其价格。B-S-M 模型在其他经济领域也有广泛的应用，比如公司资产结构、可转化债定价等方面。

B-S-M 模型为投资者提供了适用于股票的任何衍生证券且计算方便的定价公式，但它的推导及运用同样受到各种条件的约束。显然，过于严格的假设削弱了原始定价公式在现实中的运用，使其在理论和应用上都存在缺陷。之后，默顿、考克斯、罗斯、鲁宾斯坦、斯科尔斯、布伦南和布莱克、哈里森和克雷斯普、加曼和科尔哈根等均对该模型进行了更加详细深入的研究和改进，并把它推广到对其他金融衍生工具估价及金融风险控制这些“更普遍的环境”之中，使期权定价理论不断得到完善。总体而言，虽然存在误差，B-S-M 模型仍是相当准确的，是具有较高实用价值的定价模型。B-S-M 之后提出的定价模型大多是在某个特定方面对其进行了改进，模型的参数和复杂度递增，定价效率和精度却没有实质性的提高，常常无法得到明确和应用性强的结论。正因如此，B-S-M 模型在期权定价中的基础性地位一直无可替代。

（二）其他理论

B-S-M 期权定价模型虽然有许多优点，但是它的推导过程难以为人们所接受。之后出现了许多定价原理和方法，如蒙特卡罗模拟、二叉树方法、有限差分方法、确定性套利定价方法、X-套利定价方法和区间定价方法等。这里我们主要介绍二叉树方法。

1979 年，罗斯等使用一种比较简单的方法设计出了一种期权的定价模型，称为二项式模型（Binomial Model）或二叉树法（Binomial Tree），主要用于计算美式期权的价值。二叉树法定价的基本思想是：假设标的股票当前的价格为 S，基于该股票的某期权的当前价格为 C，把期权的有效期分为若干个足够小的时间间隔，在每一个非常小的时间间隔内假定标的资产的价格从开始的 S 运动到两个新值，运动到比现价高的值 S_u（相应的期权价值变为 C_u）的概率为 P，运动到比现价低的值 S_d（相应的期权价值变为 C_d）的概率为 $1-P$，见图 2-4。

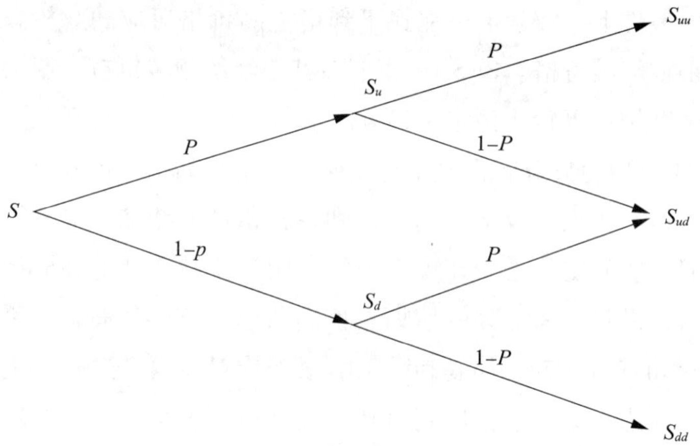

图 2-4　二叉树模型

把期权有效期 T 分为很多小的时间间隔 Δt，在每一个 Δt，股票价格变化由 S 到 S_u 或 S_d。如果价格上扬概率为 P，那么下跌的概率为 $1-P$。考虑一个投资组合：Δ 单位标的股票的多头和一个期权的空头。计算为使该投资组合为无风险组合时的 Δ 值。

如果股票价格上升为 S_u，则投资组合的价值为 $S_u\Delta-C_u$，如果股票价格下降为 S_d，则投资组合的价值为 $S_d\Delta-C_d$，要使投资组合成为无风险组合，必须使 $S_u\Delta-C_u=S_d\Delta-C_d$，即

$$\Delta=\frac{C_u-C_d}{S_u-S_d} \tag{2-10}$$

式(2-10)表明，要使投资组合为无风险组合，需购买的标的股票数量等于这一时期里期权价值的变化与股票价格的变化之比。

用 r 表示无风险利率，则该投资组合的现值为$(S_u\Delta-C_u)e^{-rT}$，而该投资组合的成本为 $S\Delta-C$，根据套利原理，有

$$(S_u\Delta-C_u)e^{-rT}=S\Delta-C \tag{2-11}$$

将式(2-10)代入式(2-11)，并令

$$P=\frac{e^{r\Delta t}-d}{u-d} \tag{2-12}$$

化简得

$$C=e^{-r\Delta t}[PC_u+(1-P)C_d] \tag{2-13}$$

式(2-12)和式(2-13)为期权定价。

从求解的角度，期权的定价方法可分为解析方法和数值方法。前者包括传统期权定价方法和 B-S-M 模型定价方法；后者包括蒙特卡罗模拟方法、二叉树方法、有限差分方法、确定性套利方法、X-套利定价方法和区间定价方法。从应用的角度，期权的定价方法可分为只适用于完全金融市场的方法和既适用于完全金融市场又适用于非完全金融市场的方法。前者包括 B-S-M 模型定价方法、蒙特卡罗模拟方法、二叉树方法和有限差分方法；后者包括确定性套利定价方法、X-套利定价方法和区间定价方法。

期权的各种定价方法都有其优缺点。B-S-M 模型期权定价方法作为解析方法的主要优点是，能够得到套期保值参数和杠杆效应的解析表达式，从而为衍生资产的交易策略提供较清晰的定量结论。解析解本身没有误差，当需要计算的期权的数量较小时，直接使用 B-S-M 模型定价公式比较方便。但是，该方法也有不足之处，即只能给出欧式期权的解析解，而且难以处理期权价格依赖状态变量历史路径及其他一些较复杂的情况。蒙特卡罗模拟方法的优点在于，能处理较复杂的情况，且计算的相对效率较高，但由于该方法是由初始时刻的期权值推导未来时刻的期权值，只能用于欧式期权的计算，而不能用于可以提前执行合约的美式期权。二叉树方法和有限差分方法是由期权的未来值回溯期权的初始值，因此可以用于美式期权的计算，但这两种方法不仅计算量大、计算效率低，而且难以计算期权依赖状态变量历史路径的复杂情况。就二者的优劣比较而言，Geske-Shastrid 的研究结果表明，二叉树方法更适用于计算少量期权的价值，而进行大量期权价值计算时，有限差分方法更有效率。

总之，期权定价理论发展在多个方面不断深入。比如：戈曼(M. Garman)和柯尔哈根(S. Kohlagen)以 B-S-M 模型为基础，提出外汇期权的 G-K 定价模型；布莱克提出针对期货期权的 Black 定价模型。对于不完全市场下的期权定价，采用的是最优化套期保值、均值方差套期保值、超套期保值等方法。此外，综合性的改进也是一个方向，如贝茨(D. Bates)将随机波动率和随机跳跃结合起来推导出的 SVJ 模型。美式期权的解析解问题还没有取得突破性进展，主要采用发展数值方法求解。

二、场外期权的定价模型

（一）亚式期权定价模型

亚式期权（Asian Options）到期时，其支付额依赖于标的资产某阶段的平均价格。通常而言，按照计算基础价格的不同，该类型期权可以划分为平均价格期权（Average Price Options）和平均执行价格期权（Average Strike Options）。

平均价格期权是以有效期内标的资产在某段时间的平均价格来代替欧式期权中到期日标的资产价格，又称为固定执行价的亚式期权。平均价格期权的收益为执行价格（K）与标的资产在有效期内的平均价格（S_{ave}）之差，则平均价格看涨期权（Average Price Call）的到期收益为 $\max(0, S_{ave}-K)$，平均价格看跌期权（Average Price Put）的到期收益为 $\max(0, K-S_{ave})$。平均价格期权比常规期权便宜，并且在某种程度上更能满足公司财务管理的需要。如果一家中国出口公司希望对冲其美元销售收入的汇率风险，那么该公司的财务主管会更关心未来某时间段的平均汇率水平，而不是某一天的汇率水平。这是因为，汇率在一段时间内的平均值的变动比时点价格的变动程度要小，既减少了期权风险，也降低了时间价值。

平均执行价格期权以期权有效期内标的资产某段时间内的平均价格（S_{ave}）作为执行价格，又称为浮动执行价格的亚式期权。平均执行价格期权的收益为执行时的即期价格（S）与标的资产的平均价格之差，则平均执行价格看涨期权的收益为 $\max(0, S-S_{ave})$，平均执行价格看跌期权的收益为 $\max(0, S_{ave}-S)$。平均执行价格期权可以保证购买在一段时间内频繁交易的资产所支付的平均价格低于最终价格，也能保证销售在一段时间内频繁交易的资产所收取的平均价格高于最终价格。

1. 几何平均亚式期权的定价模型

Kemna 和 Vorst 于 1990 年提出了几何亚式期权的定价解析公式。该公式的前提为标的资产是对数正态分布的，并且设计的平均价格是一个几何平均值。解决的关键在于一系列对数正态分布的几何平均值也是对数正态分布的。在这里，我们主要考虑几何亚式看涨期权的定价，看跌期权的定价类似计算。假设其标的资产价格为 s，到期日为 T，期权敲定价格为 K，

则该定价公式可以表示为

$$f(s,\ K,\ T-T_0)=s\cdot e^{d^*}\cdot N(d_1)-K\cdot N(d_2)$$

其中，

$$d^*=\frac{1}{2}\left(r-\frac{1}{6}\sigma^2\right)(T-T_0)$$

$$d_1=\frac{\log(s/K)+\frac{1}{2}\left(r+\frac{1}{6}\sigma^2\right)(T-T_0)}{\sigma\sqrt{\frac{1}{3}(T-T_0)}}$$

$$d_2=d_1-\sigma\sqrt{\frac{1}{3}(T-T_0)}$$

其中，$N(\cdot)$是标准正态分布函数；r表示无风险利率；σ是标的资产的对数收益率的标准差，表示波动率。假设C_t为几何亚式看涨期权在t时刻的价格，那么有

$$C_t=s\cdot e^{\frac{1}{2}(r-q-\frac{\sigma^2}{6})T}\cdot N(d_1)-K\cdot e^{-rT}\cdot N(d_2)$$

把一个亚式期权的定价转变为一个偏微分方程的解，可以说是一个很大的进步。但是，在亚式期权中，只有几何平均期权能得到精确的解析解。几何平均期权的解析价格公式之所以存在，是因为B-S-M模型假设标的资产价格服从对数正态分布，而一系列对数正态分布变量的几何平均值仍为对数正态分布。在这些公式中，最著名的就是连续取样几何平均资产价值。在风险中性世界，如果一个股票的预期收益率等于$\frac{(r-q-\frac{\sigma^2}{6})}{2}$而非原来的$(r-q)$，波动率等于$\frac{\sigma}{\sqrt{3}}$而非原来的$\sigma$，则这个股票价格在一定区间的几何平均概率分布等同于该时期末股票价格的概率分布。这意味着我们在为连续取样几何平均资产期权定价时，只要将波动率看作$\frac{\sigma}{\sqrt{3}}$，将红利率看作$r-\frac{(r-q-\frac{\sigma^2}{6})}{2}=\frac{(r+q+\frac{\sigma^2}{6})}{2}$，就可以应用已知红利率的B-S-M模型定价公式求出期权价值。

2. 算术平均亚式期权的定价模型

亚式期权中更常见的情况是取算术平均，但是一系列对数正态分布值的算术平均值并不服从对数正态分布。为了解决这个问题，人们采用了各种方法，但是仍然无法得到解析的定价公式。对标的算术平均亚式期权更多的是采用数值方法或以标的几何平均亚式期权来近似表示，下面我们介绍其中的两种方法。

（1）二阶矩近似法

这是现实中应用最广泛的方法之一，它适合于为离散算术平均亚式期权定价。对于算术平均的亚式期权，由于服从对数正态分布随机变量的算术平均值并不一定服从对数正态分布，因此难以获得解析定价公式。研究者通过将 S_{ave} 的分布作近似处理来解决这个问题，其主要思想是：假设 S_{ave} 服从对数正态分布，其一阶矩、二阶矩与 S_{ave} 真实分布的一阶矩、二阶矩相同。我们可以估计 S_{ave} 的一阶矩、二阶矩，然后利用对数正态分布的假设获得亚式期权的近似解，具体过程如下：

假设标的资产价格 S 服从对数正态分布，S_{ave} 通过取连续的算术平均值得到，则亚式期权的近似定价公式类似于一个期货期权。

亚式买权：$Call=e^{-rt}[FN(d_1)-XN(d_2)]$

亚式卖权：$Put=e^{-rt}[FN(-d_2)-XN(-d_1)]$

其中，

$$d_1=\frac{\ln\left(\frac{F}{X}\right)+\left(\frac{\sigma^2}{2}\right)T}{\sigma\sqrt{T}}$$

$$d_2=d_1-\sigma\sqrt{T}$$

$$F=M_1$$

$$\sigma^2=\frac{1}{t}\ln\left(\frac{M_2}{M_1}\right)$$

M_1 和 M_2 分别代表一阶矩和二阶矩：

$$M_1=\frac{e^{(r-y)t}-1}{(r-y)t}\times S$$

$$M_2=\frac{2e^{[2(r-y)+\sigma^2]t}S^2}{(r-y-\sigma^2)[2r-2y+\sigma^2]t^2}+\frac{2S^2}{(r-y)t^2}\times\left[\frac{1}{2(r-y)+\sigma^2}-\frac{e^{(r-y)t}}{r-y+\sigma^2}\right]$$

(2)控制方差法

亚式期权中的控制方差法主要利用价格公式计算几何平均期权的价格，再用蒙特卡罗模拟得到几何平均期权的近似价格$f_A+(f_G-\hat{f}_G)$，将误差$f_G-\hat{f}_G$作为除了采用算术平均之外其他条件都相同的(即这两种期权的标的资产价格路径是相同的)期权价格的估计值的一个控制，即期权A价值的一个无偏估计是$f_A+(f_G-\hat{f}_G)$。

这种方法可以降低对f_A估计的方差，从而缩小算术平均亚式期权定价的蒙特卡罗模拟的置信区间。这种方法在实际中也很常用。

(二)障碍期权定价模型

当假设波动率为常数、资产价格服从对数正态分布时，我们可以使用B-S-M偏微分方程解出很多种障碍期权的理论价格。然而这些假设并不符合实际，而障碍期权的价格常常对这些假设很敏感，因此事实上这些理论价格公式在实际中很少使用，而是需要其他的技巧和方法来加以改进。这里我们只给出一些障碍期权理论价格的例子，帮助读者理解障碍期权的定价。在解敲入期权价值的时候，我们必须先得到常规期权的价值，因此要花解敲出期权两倍的时间，才能得到敲入期权的价值。

1. 向下敲出看涨期权

仍然用$f_b(S, t)$来表示与障碍期权具有相同的执行价格X和到期时间的常规期权的B-S-M模型解析解，H表示障碍水平，则一个$H\leqslant X$的向下敲出看涨期权价格为

$$f(S, t)=f_b(S, t)-\left(\frac{S}{H}\right)^{\frac{1-2r}{\sigma^2}}f_b\left(\frac{H^2}{S}, t\right)$$

2. 向上敲入看涨期权

根据敲入和敲出期权之间的关系，可以得到向上敲入看涨期权的价格：

$$f(S, t)=\left(\frac{S}{H}\right)^{\frac{1-2r}{\sigma^2}}f_b\left(\frac{H^2}{S}, t\right)$$

值得注意的是，如果H和执行价格X的位置关系不同，这里的价格也会发生变化。障碍期权由于运动方向(向上和向下)、敲入敲出和看涨看跌的不同组合，会形成八种不同的类型，只有在向下看涨期权和向上看跌期权中，才会因为H和X的位置关系不同而导致价格变化，在其他情形下，

H 和执行价格 X 只可能有一种位置关系，否则障碍期权没有意义。例如，在向上敲出看涨期权中，必然 $H>X$，否则，这个障碍期权是没有价值的。

(三) 回溯期权定价模型

一部分回溯期权具有解析形式的价格公式。下面我们给出连续观测的浮动执行价回溯期权的价格公式。

1. 欧式浮动执行价回溯看涨期权的定价模型

我们已经讨论过，浮动执行价期权实际上已经改变了期权的性质，看涨期权回报为 $\max(S-M,\ 0)=S-M$。

其中，M 是目前已经实现的最小值。

在 B-S-M 模型框架下，期权价值为

$$Se^{-q(T-t)}N(a_1)-Se^{-q(T-t)}\frac{\sigma^2}{2(r-q)}N(-a_1)-Me^{-r(T-t)}\left[N(a_2)-\frac{\sigma^2}{2(r-q)}e^{Y_1}N(-a_3)\right]$$

其中，

$$a_1=\frac{\ln(S/M)+\left(r-q+\frac{\sigma^2}{2}\right)(T-t)}{\sigma\sqrt{T-t}}$$

$$a_2=a_1-\sigma\sqrt{T-t}$$

$$a_3=\frac{\ln(S/M)+\left(-r+q+\frac{\sigma^2}{2}\right)(T-t)}{\sigma\sqrt{T-t}}$$

$$Y_1=\frac{2\left(r-q-\frac{\sigma^2}{2}\right)\ln(S/M)}{\sigma^2}$$

2. 欧式浮动执行价回溯看跌期权的定价模型

浮动执行价回溯看跌期权的回报为

$$\max(M-S,\ 0)=M-S$$

其中，M 是目前已经实现的最大值。

在 B-S-M 模型框架下，期权价值为

$$Me^{-r(T-t)}\left[N(b_1)-\frac{\sigma^2}{2(r-q)}e^{Y_2}N(-b_3)\right]+Se^{-q(T-t)}\frac{\sigma^2}{2(r-q)}N(-b_2)-$$
$$Se^{-q(T-t)}N(b_2)$$

其中，

$$b_1=\frac{\ln(M/S)+\left(-r+q+\frac{\sigma^2}{2}\right)(T-t)}{\sigma\sqrt{T-t}}$$

$$b_2=b_1-\sigma\sqrt{T-t}$$

$$b_3=\frac{\ln(M/S)+\left(r-q-\frac{\sigma^2}{2}\right)(T-t)}{\sigma\sqrt{T-t}}$$

$$Y_2=\frac{2\left(r-q-\frac{\sigma^2}{2}\right)\ln(M/S)}{\sigma^2}$$

第三章 远期合约

第一节 远期合约概述

现货交易出现后，为了锁定货源和成本，开始出现买者的远期合约交易。随着客户数量的增加，为避免原料价格上涨，开始出现专门提供套期保值的场外远期合约。远期合约具有锁定货源和套期保值功能。

一、远期合约的内涵

远期合约是一种比较简单的衍生品，它是在将来某一特定时刻以约定价格买入或者卖出某种标的资产的合约。合约规定交易的标的物、有效期和交割时的执行价格等内容，合约条款因合约双方的需求不同而不同。与所有场外衍生品的交易一样，远期合约通常是金融机构之间或金融机构与其客户之间在场外交易市场中的交易。

在远期合约中，同意在将来某一时刻以约定价格买入资产的一方被称为多头，而同意在将来某一时刻以约定价格卖出资产的一方被称为空头。远期合约在到期日交割，空头持有者交付标的资产给多头持有者，多头按远期合约的协议价格支付现金给空头。按照标的资产的不同，远期合约可分为两大类：第一类是商品远期，其标的资产是商品，如原油、贵金属、农产品等；第二大类是金融资产远期，其标的资产主要是股票、股指、债券、外汇等金融产品。

二、远期合约的功能

远期合约具有以下四个功能：①锁定价格。远期价格可以反映真实的客户需求，因此它能防止价格过快上涨和扭曲，使市场价格具有更大的权威性和可靠性。②为下游提供充足原料。远期合约签约后，企业必须按照合约规定加大生产力度，从而在根本上保证下游市场的畅通，进而保证整个产业的正常发展。③便于发现未来价格。金融机构、企业等各类参与主体基于各自掌握的信息对标的资产未来市场的综合判断确定远期价格，有利于促进标的资产的市场价格发现，同时为企业进行套期保值提供了便利。④为其他衍生品提供标的。远期合约提供了丰富的交易对手方，这就为互换和场外期权提供了交易标的。

三、各主体参与远期市场的方式

在远期市场上，根据参与市场的目的不同，市场参与者可以分为套利者、交易者和套期保值者。其中，套利者参与市场的目的是获得无风险收益，旨在寻求各国市场或各种货币交易的不均衡性，从中找到获利的机会，并以远期合约规避风险。交易者参与市场的目的是对已经存在的远期合约预期价差进行交易，以获取高额收益。套期保值者则希望借助远期合约对冲市场风险。接下来，我们以商品远期为对象，探讨各主体参与远期市场的方式。

（一）个体参与

以农民或企业为代表的个体参与远期市场是为了规避经营风险以及利用远期市场经营。他们往往通过在期货公司开户参与交易，或在期货公司获得投资顾问的服务，实现对农产品价格套期保值，规避市场风险，同时利用远期价格指导经营。但是，这种方式的缺点也很明显——由于农民缺乏专业能力，很难对远期行情进行全面研判，从而使远期套保的成本较高，实际操作难度较大。

（二）集体参与

农民或小企业以合作社形式进行农产品经营，一方面可以提高生产经营的组织化水平，进而提高大规模生产的质量，根据市场需要进行销售，提高议价能力；另一方面可以建立专门的团队进行套保，根据市场大势研判确定入市时间，做好近月库存套保，同时根据生产情况做好远月套保，保证生产和销售与未来需求基本面一致，做好对市场价格波动的避险工作。无论农民个体是否会出现农产品没有销路的情况，合作社都会通过远期套保规避市场价格风险。合作社套保的避险行为可以在一定程度上规避价格风险。这种方式存在的问题是，合作社组织松散，缺乏市场分析和交易的专业人员，缺乏资金投入，很难与大的市场波动进行对抗，从而会影响套期保值行为和绩效，避险效果不会太好。

（三）企业参与

龙头企业可以为农户解决销路问题——它们一般会与农民签订长期购销合同，按照预定价格收购农民的农产品。当农产品成熟后，龙头企业根据市场价格通过远期市场对预定收购价格进行套期保值，以抵补的方式对农户进行补偿；同时，龙头企业可以获得成本稳定的农产品，进行后续加工和销售。在这种方式下，龙头企业资金实力强，可以保证农产品的销路；但作为买方，龙头企业的规模和实力远远大于单一农户，这使得农户在与龙头企业的谈判中往往处于明显的弱势地位，因此难以获得较高收益。

（四）政府参与

政府可以通过财政补贴的方式对农户和企业参与远期市场进行资金支持，而农户和企业则利用这部分政府补贴通过个体参与、合作社集体参与商业保险来进入远期市场实现套期保值。这种方式一方面可以帮助政府降低维持农产品价格水平的储备成本，从而替代政府的农产品收储和最低价格的农业支持政策；另一方面可以完善农产品市场机制，帮助农户增加种植经营收入，提高在市场环境中的竞争能力。这种方式兼具前述几种方式的优点，同时缺点很少，可以大大减轻政府支持农业的负担。

第二节　远期合约套期保值

一、远期合约套期保值的概念和特点

（一）远期合约套期保值的概念

远期合约套期保值（Forward Contract Hedging），是企业为规避资产或商品价格风险使用一项或一项以上远期合约工具，使远期合约工具的公允

价值或现金流量变动预期抵消被套期项目全部或部分公允价值或现金流量变动风险的一种交易活动。通过资产或商品衍生品套期保值，可以在市场价格波动中保障收益或锁定成本，规避价格波动的风险。远期合约是进行套期保值最基本的金融衍生工具之一，也是成本最低的套期保值方式。这是因为，远期合约交易相对简单，不需要保证金，涉及资金流动次数少，公司决策方式简单明确。

远期合约套期保值的原理：提前卖出或买入某种资产或商品，以规避价格发生不可预期的变化时带来的市场风险。

(二)远期合约套期保值的特点

远期合约套期保值具有以下特点：当未来价格变动时，可以按已签订的远期合同协商确定的价格交收货物，从而抵消现货市场价格发生不利变动导致的亏损。远期合约套期保值实际上是在近期和远期之间建立一种对冲机制，以使价格风险降到最低。

二、远期合约套期保值的原则

(一)交易方向相同原则

该原则要求投资者在进行套期保值操作时，远期市场的买卖方向必须和现货市场相同。由于同种(相近)资产或商品在远期市场上已按意愿价格确定好未来销售价格，为达到套期保值目的，必然会在远期市场上选择与现货市场相同的交易方向。

(二)种类相同原则

该原则要求投资者在进行套期保值操作时，所选择的远期品种与要进行套期保值的现货品种相同或尽可能相近。只有如此，才能最大限度地保证双方在现货市场和远期市场上价格走势的一致性，否则会影响套期保值的效果。

(三)数量相等原则

该原则要求投资者在进行套期保值操作时，合约上所载明的所选择远期品种的资产或商品数量必须与现货市场上要保值的资产或商品数量相当。只有如此，才能使一个远期市场上的交易能弥补在现货市场上交易发生的损失，从而提高套期保值的效果。

（四）月份相同或相近原则

该原则要求投资者在进行套期保值操作时，远期合约约定的交割月份与现货市场的拟交易时间尽可能一致或接近。企业利用远期进行套期保值交易实际上是一种以规避现货交易风险为目的的风险投资行为，是结合现货交易的操作。

三、远期合约套期保值的交易策略

（一）远期合约套期保值的注意事项

与投机相比，套期保值要复杂得多。为了更好地实现套期保值目标，企业在进行套期保值策略的制定与实施时，必须注意以下五点：

第一，坚持严格审查交易对手方的资信，保证进行远期交易的对手方拥有极高的资金实力和信用等级；同时，尽可能采取履约担保方案，以保证合约到期执行。

第二，坚持“均等相同”的原则。所谓“均等”，就是进行远期交易的资产或商品必须和现货市场上将要交易的资产或商品在种类上相同或相关、数量上相一致。所谓“相同”，就是在两个市场上买卖方向相同，如在现货市场上买，在远期市场也要买。

第三，应选择有一定风险的现货交易进行套期保值。如果市场价格较稳定，就无须进行套期保值，因为进行套期保值需支付一定费用。

第四，比较净冒险额与保值费用，最终确定是否进行套期保值。

第五，根据价格短期走势预测，计算出基差（现货价格和远期价格之间的差额）预期变动额，据此作出进入和离开远期市场的时机决策，予以执行。

（二）远期合约套期保值的策略

远期合约套期保值的策略是指利用远期合约为现货市场的多头或空头头寸进行保值，保值者在现货市场某一笔交易的基础上，在远期市场上做一笔资产数量相当、期限相同和方向相同的交易，以期保值。

根据参与远期交易的方向不同，可以把远期合约套期保值策略分为买入套期保值、卖出套期保值和选择性套期保值三种。

1. 买入套期保值策略

买入套期保值策略是指投资者因担心资产或商品价格上涨而买入相应远期合约进行套期保值的一种交易策略，即在远期市场建立多头交易部位（头寸），在未来资产或商品价格上涨时，以协商同意的初始不变价格购入同等数量的资产或商品，结束套保的行为。买入套期保值的目的是锁定资产或商品的未来采购价格，规避价格上涨的风险。投资者主要在以下四种情形下进行买入套期保值：

第一，投资者预期未来有一笔生产资金准备投入原材料采购，但经研究认为在未来购入资产或商品时其价格会上涨，若将来再购入资产或商品，势必会提高采购成本。这时，买入远期合约可对冲资产或商品价格上涨风险。由于远期交易具有杠杆机制，买入远期合约所需的资金量较小。

第二，投资者想要大批量购入原材料，由于需要的资产或商品量巨大，短期内购入原材料必然推高价格、提高采购成本，如逐步分批进行购入，又担心价格会上涨。此时，买入远期合约是解决问题的最佳方式。先买进对应数量的资产或商品远期合约，然后逐批将对应的远期合约交收，可以实现对大量原材料采购成本的锁定。

第三，在投资者通过赊账购入资产或商品时，由于赊账有确定的时间，赊销者必须在规定日期内将卖出的资产或商品按到期时价格确定的数额支付给赊出者。此时，如果价格与预期相反，出现上涨，投资者就不得不支付更高的价款，此时买进相应数量的资产或商品远期合约可以起到对冲风险的作用。

第四，投资者在期权上卖出看涨期权，一旦资产或商品价格上涨，将面临较大亏损。此时，投资者可通过买进相应远期合约，在一定程度上对冲风险。

2. 卖出套期保值策略

卖出套期保值策略是指投资者因担心资产或商品价格下跌而卖出相应资产或商品远期合约进行套期保值的一种交易策略，即在远期市场上先卖出资产或商品远期合约，待价格下跌后再履行远期协议卖出交收资产或商品，因此又称为空头保值。卖出套期保值的目的是锁定资产或商品的卖出价格，规避价格下跌的风险。投资者一般在以下四种情形下进行卖出套期保值：

第一，生产企业预计未来会生产大量资产或商品，但经研究认为未来资产或商品价格可能下跌，若将来再卖出资产或商品，势必会导致生产利润减少。这时，可卖出远期合约对冲资产或商品价格下跌风险。由于远期交易具有杠杆机制，卖出远期合约所需的资金量较小。

第二，生产企业想要大批量销售资产或商品，由于销售的资产或商品量巨大，短期内售出必然会打压价格，减少生产利润；如逐步分批卖出，又担心价格下跌。此时，卖出远期合约是解决问题的最佳方式。先卖出对应数量的资产或商品远期合约，然后逐批将对应的远期合约交收，可以实现对大量资产或商品经营利润的锁定。

第三，在生产企业进行赊销资产或商品时，由于赊账具有确定的时期，赊账者必须在规定日期内将卖出的资产或商品按到期时价格确定的款项支付给赊销者。当赊销卖出资产或商品时，如果价格与预期相反，出现下跌，同等数量资产或商品的经营利润会减少，此时卖出相应的资产或商品远期合约可以起到对冲风险的作用。

第四，生产企业卖出看跌期权，一旦资产或商品价格下跌，将面临很大的亏损风险，此时，通过卖出相应远期合约可以在一定程度上对冲风险。

3. 选择性套期保值策略

在实际操作中，套期保值者在远期市场操作的主要目的是增加他们的利润，而不仅仅是降低风险。如果他们认为对自己的存货进行套期保值是采取行动的最佳方式，那么他们就会照此执行。如果他们认为仅进行部分套期保值就足够了，他们就可能只针对其中一部分风险采取套期保值行动。在某种情况下，他们对自己关于价格未来走势的判断充满信心，那么，他们就可以暴露全部风险，而不采取任何的套期保值行动。他们也可以出于锁定投机利润的目的做套期保值。这些都称为选择性套期保值策略。

例如，饲料企业从签订早籼稻现货购买合同开始，到饲料销售出去为止，在整个过程中，都拥有早籼稻。合同价格一旦确定下来，风险随之而来。这是因为，市场价格在不断变化中，价格下跌，企业就会遭受损失。

采购经理在签订了现货合同以后，担心价格下跌，但是，为了满足工厂生产的需要，必须要有部分存货，这时候该怎么办？远期市场可以帮助饲料企业解决问题。饲料企业可以在远期市场上做卖出套期保值来规避价格风险，对存货（现货购买合同）进行卖出保值。假如一家饲料企业以2050元/吨的价格买入早籼稻，加工、销售期为3个月，这时，如果企业担心价格下跌，就应该采取在远期市场上做卖出套期保值的选择性套期保值策略。

选择性套期保值的另一个作用是锁定投机利润。假定一家饲料企业在3月以1980元/吨的价格预定了早籼稻现货，交货时间为3个月后。该企业确信这个价格比较低，而且预期1个月后的早籼稻价格会上涨。到了4月，早籼稻价格上涨到2180元/吨。该企业认为此价格太高了，它预测早籼稻价格会跌至2060元/吨。假定它的预测是完全准确的，如果它一直持有最初的现货合同，中间不发生任何变化，它最终会获得80元/吨的净收益。实际上，它先赚200元/吨，然后亏损120元/吨。在一个富有弹性的套保方案中，它可以在2180元/吨的价位上卖出早籼稻远期，为早籼稻的现货合同保值，从而赚取200元/吨。该企业通过远期市场卖出早籼稻进行远期套期保值，可在保留对早籼稻现货控制的前提下锁定利润。

对原料存货是否需要做选择性卖出套期保值策略，什么时候做，做多少，都是基于采购经理对市场和价格走势的综合判断。

（三）远期合约套期保值策略的发展

远期合约多头套期保值与远期合约空头套期保值是最基本的远期合约套期保值策略。在现实的远期合约套期保值中，投资者还可根据需要选择其他多种比较复杂的套期保值策略。例如，投资者可根据具体情况选择“滚动套期保值”（Rolling Hedging）或“条式套期保值”（Strip Hedging）等策略。当然，这些策略实际上只是多头套期保值或空头套期保值的特殊形式，只适用于某些特殊场合，能解决某些特殊问题。在以上所述的套期保值策略的选择中，我们事实上已经做出假设：投资者一旦决定对其现货部位实施套期保值，他总能找到标的物与其衍生品品种正好相同的远期合约，以实行直接套期保值。但是，在现实的套期保值中，如果作为套期保值对象的衍生品品种并没有相应的远期合约可供选择，则如上所述，投资者还必须选择与该种衍生品品种具有价格相关性的其他衍生品品种的远期合约，以实行交叉套期保值。

目前，远期交易在传统套期保值策略的基础上，又形成了新的策略理论，并对原有策略理论的一些不足进行了修缮且有了新的突破。为克服远期合约套期保值基差风险，基差逐利型套期保值策略被提出来，其核心不在于能否消除风险，而在于能否通过寻找基差方面的变化或预期基差的变化来谋取利润，以寻找远期合约套期保值的机会。从这个意义上讲，套期保值是一种套期图利行为。为克服传统套期保值策略套期效果不佳的缺点，Johnson 和 Ederington 等运用马科维茨(Markowitz)的组合投资理论创新了套期保值策略，他们认为套期保值在远期市场上保值的比率是可以选择的，最佳套期保值的比率取决于套期保值的交易目的，以及现货市场和远期市场价格的相关性。从组合投资角度理解套期保值，远期市场具有“风险管理”的功能，而不是“风险转移”的功能。最佳套保比率为套保期限内现货价格变动的标准差与远期价格变动标准差的商乘以二者的相关系数。远期合约的风险管理可能是对企业一个经营周期内经营情况的管理，而不仅仅局限于一笔交易的风险转移。

四、远期合约套期保值在企业生产经营中的应用

企业生产经营决策正确与否的关键，在于能否准确地把握市场供求状态，特别是能否准确判断市场的变动趋势。远期市场的建立，不仅使企业能通过远期市场获取未来市场的供求信息，提高企业生产经营决策的科学合理性，使企业真正做到以需定产，而且为企业通过套期保值来规避市场价格风险提供了场所，在增进企业经济效益方面发挥着重要作用。归纳起来，套期保值在企业生产经营中的应用包括以下九个方面：

第一，确定采购成本，保证企业利润。供货方已经与需求方签订好现货供货合同，将来交货，但供货方此时无须购进合同所需材料，为避免日后购进原材料时价格上涨，通过远期买入相关原材料锁定利润。

第二，确定销售价格，保证企业利润。生产企业已经签订采购原材料合同，通过远期卖出企业相关成品材料，锁定生产利润。

第三，保证企业预算不超标。企业在制定预算时同步交易一个远期合约，可以锁定未来交易价格，避免因商品或原材料价格上涨导致成本超出

预算。

第四，行业原料上游企业保证生产利润。行业上游原材料企业本身利润空间有限，若将来其所生产的原材料价格出现下跌甚至断崖式下滑，将给企业造成不可挽回的损失。同时，企业也担心原材料产销时间差内各种潜在风险造成的价格波动和交货不稳定。故而，该类企业通过远期合约卖出原材料，锁定未来交货价格，保证生产利润。

第五，保证贸易利润。企业在参与国际贸易时，由于使用第三方国际货币进行结算，除了面对价格波动风险，还要面对汇率波动风险。故而，企业可以通过远期商品合约锁定交易价格，规避价格风险，通过远期外汇合约锁定兑换汇率，规避汇率风险，进而保证贸易利润不受市场风险的负向冲击。

第六，调节库存。①当企业认为当前原料价格合理，需要增加库存时，可以用远期代替现货，通过其杠杆原理提高企业资金利用率，保证企业现金流；②当原材料价格下降，企业库存因生产或其他因素不能减少时，可在远期上卖出以避免价格下跌给企业造成损失。

第七，融资。当现货企业需要融资时，通过质押保值的远期仓单，可以获得银行或相关机构较高比例的融资。

第八，为外贸企业避免汇率损失。外贸型企业在以外币结算时，可以通过远期锁定汇率，避免汇率波动带来的损失，锁定订单利润。

第九，拓宽企业的采购或销售渠道。在某些特定情况下，远期市场可以是企业采购或销售的另一个渠道，等到资产或商品进入交割环节，实现资产或商品物权的真正转移，是现货采购或销售的适当补充。

举例分析：

苹果远期上市后，远期价格机制可以帮助发现和形成现货价格，全国统一的苹果市场就会加快形成，苹果现货市场机制就会加速构建，农民良性经营的收益就能实现。当市场价格出现大幅下降导致农民经营出现亏损时，就需要发挥远期市场的套期保值功能。例如，某农户计划于 2017 年 8 月 15 日卖出 100 吨苹果，2016 年 11 月 9 日河南灵宝现货苹果价格为 6400 元/吨，为防止价格下行风险，该农户可以采用以下策略：卖出 100 吨苹果 709 远期（PG709）。2016 年 11 月 9 日 PG709 合约价格为 6200 元/吨；2017 年 8 月 15 日苹果现货价格为 6315 元/吨，PG709 合约价格为 6120 元/吨。套保盈亏计算见表 3-1。

表 3-1 套保盈亏计算

	苹果现货(元/吨)	PG709(元/吨)
2016 年 11 月 9 日	6400	6200
2017 年 8 月 15 日	6315	6120
单项合计	-85	80
套保盈亏	-5	

从上例可以看出，买入远期合约的潜在收益是：价格向现货头寸有利方向变动时，远期损失为合约买卖价差，最终现货收益几乎与苹果远期损失相等，苹果销售利润几乎完全锁定；当价格保持不变或朝现货头寸不利方向变动时，远期获益可以弥补现货损失，苹果销售利润几乎完全锁定。可见，该远期套保的交易动机是：简单套保、锁定损失。

一般来说，远期合约套期保值交易策略分为两种：买入远期套期保值，保证现货买家未来低价买入现货以规避价格上行风险；卖出远期套期保值，保证现货卖家未来高价卖出现货以规避价格下行风险。苹果远期市场交易可以开拓农户的市场思维，通过在全国大市场的锻炼，将种植与销售结合起来，把握高收益品种的未来价格信息，适时种植开摘，以获取较高的经营收益。作为经营主体，农户由于在种植理念和文化知识等方面的欠缺，市场意识不强，只是随行就市生产，缺乏经营意识，在市场经营大潮中不能独领潮头，发现商机；而远期市场发挥价格预期作用，可以帮助农民优化组织生产和经营，强化种植理念，提高经营水平，预测未来收益状况，帮助农民获得高等级品种的收益，实现种植与销售的对接，尽最大可能扩大经营收益。目前，我国产业深加工程度不高，导致收益偏低，潜在需求未能很好地开发，从而影响了农民的种植收益，但远期市场是产业发展的风向标，当市场需求有变动时，远期市场很快就会捕捉到，进而引领投资者和生产者提升投资和生产等级，拓展产业链条，扩大对上游原材料的需求，促进农户种植经营收益增加，对行业产业链的长远发展起到引导作用。

第三节　远期合约套利

一、远期合约套利的概念

远期合约套利是指在买入或卖出某种远期合约的同时，卖出或买入相关的另一种合约，并在某个时间同时将两种合约平仓。远期合约套利的手法与做市商或普通投资者大不一样，套利者利用同一标的在两个或者更多合约之间的价差，而不是任何一个合约的价格进行交易。因此，套利者的潜在利润不是基于标的价格的上涨或者下跌，而是基于不同合约月份之间价差的扩大或者缩小，从而构成其套利交易的头寸。正是由于套利交易的获利并不是依靠价格的单边上涨或下跌来实现的，在远期市场上，这种风险相对较小，而且是可以控制的，且其收益是相对稳定且比较优厚的，因此远期合约套利备受大户和机构投资者的青睐，在市场上频繁发生。从国外成熟的交易经验来看，这种方式被当作大型基金获得稳定收益的一种关键手段。

二、套利交易与投机交易的比较

在套利交易刚出现时，市场上的大多数人把它当成投机活动的一种。随着交易活动越来越频繁，套利交易的影响力越来越大，人们开始认识到，套利交易是发挥着特定作用的具有独立性质的与投机交易不同的一种交易方式。套利交易和投机交易的目的都是获得投资收益，但两者在操作方式上存在不同，主要体现在以下四个方面：

第一，交易方式不同。远期投机交易是在一段时间内对单一远期合约建立多头或空头头寸，即预期价格上涨时做多，预期价格下跌时做空，在同一时点上是单方向交易。套利交易则是在相关远期合约之间，或远期与现货之间同时建立多头和空头头寸，在同一时点上是双向交易。

第二，利润来源不同。远期投机交易利用单一远期合约价格的波动赚取利润，而套利利用相关远期合约或远期与现货之间的相对价格差异套取利润。远期投机者关心的是单一远期合约价格的涨跌，套利者则不关注远期合约绝对价格的高低，而是关注相关合约或远期与现货间价差的变化。

第三，承担的风险程度不同。远期投机交易承担单一远期合约价格变动风险，而套利交易承担价差变动风险。相关远期合约价格变动方向具有一致性(在期现套利中，远期价格和现货价格变动方向也具有一致性)，因此，价差变动幅度一般远远小于单一远期合约价格波动的幅度，即套利交易比投机交易所承担的风险小。

第四，交易成本不同。套利者在交易时承担的风险相对较小，而投机者在交易中却要承担较大的风险，因而在国际市场上，远期交易所为了鼓励套利交易，通常针对套利交易收取较低的保证金，而针对投机交易收取较高的保证金。

综上所述，我们对套利交易与投机交易进行区分，这里重点对远期市场套利进行研究。

三、远期合约套利的原则

当套利区间被确立，而当前的状态又显示出现套利机会时，就可以进行套利操作了。一般而言，套利交易要遵循以下五个基本原则：

第一，买卖方向对应的原则。即在建立买仓的同时建立卖仓，而不能只建买仓，或是只建卖仓。

第二，买卖数量相等原则。在建立一定数量买仓的同时，建立同等数量的卖仓，否则，多空数量的不相配就会使头寸裸露(即出现净多头或净空头的现象)而使投资者面临较大的风险。

第三，同时建仓的原则。一般来说，多空头寸的建立要在同一时间。鉴于远期价格波动的交易机会稍纵即逝，如不能在某一时刻同时建仓，其价差有可能变得不利于套利，从而失去套利机会。

第四，同时对冲原则。当套利头寸经过一段时间的波动实现了所期望的利润时，需要通过对冲来结算利润，对冲操作也要同时进行。如果对冲不及时，很可能使长时间取得的价差利润在顷刻之间消失。

第五，合约相关性原则。套利一般要在两个相关性较强的合约间进行，而不是所有的品种(或合约)之间都可以套利。这是因为，只有合约的相关性较强，其价差才会出现回归，即差价扩大(或缩小)到一定的程度又会恢复到原来的平衡水平，这样才有套利的基础。在两个没有相关性的合约上进行套利，与分别在两个不同的合约上进行单向投机没有区别。

四、远期合约套利的应用

远期合约套利交易是远期市场的交易方式之一，对投资者投资、企业经营以及市场发展具有重要作用。远期合约套利的应用主要表现在两个方面：

第一，套利交易的获利来自对不合理价差的发现和利用。由于通过套利交易获取的是市场低风险或无风险投资收益，套利者会时刻关注市场的动向，如果发现价差出现异常，会通过套利交易获取无风险投资收益，这对于企业盘活资金和获得无风险经营收益大有好处。套利者的套利行为会对相关价格产生影响，促使价差趋于合理，有利于远期市场功能的发挥。

第二，套利者的交易增大了远期市场的交易量，承担了价格变动的风险，提高了远期交易的活跃程度，能保证投资者的正常交易和套期保值操作的顺利实现，并可有效降低市场风险，提高交易的流畅性和价格的合理性，对市场起到润滑剂和减震剂的作用，也有助于市场流动性的提高。套利交易风险小、利润丰厚，已成为机构投资者最青睐的投资策略之一。远期市场上套利行为的存在，极大地丰富了市场的操作方式，增加了远期市场投资交易的艺术特色。

举例分析：

农户移植苹果的成本高、负担重，需要通过投资获取收益。苹果远期套利可以使作为远期合约卖方的农户获得无风险投资收益。其基本机制是，苹果远期合约卖方出售苹果远期，获得收入，其原因是农户判断未来标的价格不可能上涨，并卖出相应的苹果远期合约。当判断准确时，农户可以无偿获得全部保证金；如果判断稍有偏差，农户仍然有现货来进行风险对冲，可以获得部分苹果价格上涨的投资收益。也就是说，无论如何，农户都会获得无风险投资收益。

获利原理是指卖方所担任的是一种生产者角色，可以通过卖出远期合约获利。这种苹果远期投资策略即卖出某种苹果远期并持有对应标的物头寸，以备被动时对冲之用。交易动机是苹果远期价格上涨都会增加农户收入。这种苹果远期投资策略分为两种：一是现货多头未来可以买进，则买进苹果远期；二是现货空头未来可以卖出，则卖出苹果远期。

远期投资策略在一定程度上可以增加收益，但是有可能出现价格上涨导致失去苹果远期标的物头寸的情况。其潜在收益是：通过卖出苹果远期获得收入。其风险是：如果价格朝不利方向变动，卖出苹果远期会产生损失，卖方不得不高价买进苹果远期平仓，从而导致现金损失。

五、远期合约套利的交易策略

在远期市场上，套利的交易策略有四种类型，分别为期现套利策略、跨期套利策略、跨品种套利策略和跨市场套利策略。

（一）期现套利策略

1. 期现套利策略的概念

期现套利策略是指某种远期合约，当远期市场与现货市场在价格上出现差距时，可以利用两个市场的价格差，低买高卖而获利的一种套利策略。理论上，远期价格是资产或商品未来的价格，现货价格是资产或商品目前的价格。按照经济学上的同一价格理论，两者间的差距，即“基差”（基差=现货价格-远期价格），应该等于该资产或商品的持有成本。一旦基差与持有成本偏离较大，就会出现期现套利的机会。一般而言，远期价格要高出现货价格，并且超过用于交割的各项成本，如运输成本、质检成本、仓储成本、开具发票所增加的成本等。

2. 期现套利策略的类型

远期价格常受多种因素影响而偏离其合理的理论价格，与现货价格之间的价格差距往往会出现过大或过小的情况，一旦这种偏离出现，就会带来在远期市场和现货市场之间套利的机会，我们把这种跨越远期市场和现货市场进行交易的操作称为期现套利。

期现套利的实质是对现货价格和远期价格的基差进行投机。当现货价格小于远期价格（即基差为负）时，客户可以进行正向基差套利；反之，则基于正的基差进行反向基差套利。基差的变动是可以分析和预测的，分析正确可以获利，即使分析失误，套利的风险也远比单向投机的风险低。

（1）正向基差套利策略

正向基差套利策略是指远期与现货的价格比高于无套利区间上限，套利者卖出远期合约，同时买入相同价值的现货，当远期与现货价格比回落到无套利区间之后，对远期和现货同时进行平仓，获取套利收益的一种期现套利策略。

影响正向基差套利的因素包括：买入近期合约价格、卖出远期合约价格、仓储费、资金利息、增值税、交易手续费、交割手续费。套利利润计算公式如下：

套利利润=卖出远期合约价格-买入近期合约价格-仓储费-
资金利息-增值税-交易手续费-交割手续费

正向基差套利策略的步骤：①以市场利率借入资金，期限与远期合约的到期期限相同；②按照当前价格买入现货；③按照当前远期，卖出等份但不等值的远期合约；④按照套利结束或远期到期时的现货价格，卖出持有现货；⑤偿还贷款本金和利息。

下面我们以锰硅远期合约为例，介绍正向基差套利策略的运用。

以2015年锰硅远期10月16日收盘为例，锰硅现货当日收盘价为5877点，锰硅远期1511收盘价为7726点，该合约于2015年11月16日到期，合约保证金率为10%。假设沪深300指数年平均红利率为2%，计划做套利交易1亿元，那么可以通过下面的过程进行套利：

第一步：以银行3个月贷款利率4.77%借入资金1000万元（为了简化分析，此处忽略远期保证金的定量分析，后面给出远期保证金的定性分析），贷款期限为31天，由此可以算出这一步发生的利息成本为4.05万元（1000万元×4.77%×31天/365天）。随着时间的推移，价格可能会继续上涨，从而使套利组合中的远期空头仓位发生亏损，这会导致远期保证金的需求增加。另外，交易所调整保证金比例也会导致远期保证金增加。现在的问题是，虽然锰硅远期价格上涨造成的亏损会有现货的盈利进行对冲，但远期上的亏损所要求追加的保证金却不可以拿现货上的盈利来冲抵，因为现货交易和远期交易隶属于不同的交易所。因此，后续是否有足够的融资能力来确保保证金的追加是套利成功与否的关键。

第二步：以当前价格买入锰硅现货1000万元，并转换为类似于远期合约手数的形式，即买入57手锰硅现货。假设现货交易费用为总交易额的0.7%，现货交易成本为7万元（1亿元×0.7%）。

第三步：按照当前锰硅远期1511合约价格7726点，卖出57手远期合约。远期市场交易手续费为万分之二，即锰硅远期总的交易成本为万分之二。由此可以算出这一步发生的手续费为2.6万元（远期交易手续费=57×

7726×300×0.02%＝2.6万元)。

第四步：锰硅远期1511合约到期，卖出锰硅现货。这一步发生的现货交易成本为7万元(1亿元×0.7%)，远期交割手续费为2.6万元(57×7726×300×0.02%＝2.6万元)，其他成本为8.5万元(1亿元×1%×31天/365天＝8.5万元)。(远期交割手续费与远期交易手续费相同，其他成本按照年均1%估算)

第五步：假设11月16日锰硅现货价格收于M点，具体的套利利润如下：现货头寸是M点×300元/点×57手，远期头寸是(7726点×300元/点－M点×300元/点)×57手，归还贷款1000万元，扣除总的套利成本31.75万元(第一步4.05万元，第二步7万元，第三步2.6万元，第四步18.1万元)后，套利利润为289.396万元。

总的计算过程如下：

费用：4.05+7+2.6+18.1＝31.75万元

借款金额：1000万元

平仓总金额：

[M×300×57(以5877买入的现货11月16日的价值)+7726×300×57－M×300×57]×10%＝7726×300×57×10%＝1321146元

总的盈利：13211460－10000000－317500＝2893960元(289.396万元)

(2)反向基差套利策略

反向基差套利策略是指当远期与现货的价格比低于无套利区间下限时，套利者可以买入远期合约，同时卖出相同价值的现货，在远期和现货价格比回升到无套利区间时，对远期和现货同时进行平仓，获取套利收益的一种期现套利策略。

反向基差套利策略是正向基差套利策略的逆操作，它和正向基差套利策略一样，也包括五个步骤：①套利开始时，赊账买入锰硅现货，期限与远期的期限相同，赊账的期限最长不超过6个月；②以当前价格卖出锰硅现货，所得收入可以投资国债等以获得利息收入；③以当前远期价格买入等份但不等值远期合约；④套利结束或远期到期时，收回国债等的投资，获得资金，按照当时价格买入锰硅现货；⑤偿还赊入的锰硅现货。

下面我们以锰硅远期合约为例，说明反向基差套利策略的运用。

第一步，计算锰硅远期1511合约的理论价值。10月22日至11月16

日共 25 天，因此锰硅远期 1511 合约的远期理论价格为 5479 点（远期理论价格计算公式见第二章远期合约的定价模型）。

第二步，计算锰硅现货成本。我们按照该上限估算，总的交易成本占比为 0.7%，现货买卖交易共计 2 次，一次是在套利开始时卖空，另一次是在远期到期时再买回，故总的交易成本占比为 1.4%。因此，股票交易成本约为 77 点（5472 点×1.4%）。

第三步，计算其他成本，主要包括冲击成本、套利时间差异等导致的成本。如果按照年平均 2%估计，其他成本约为 7 点（5472 点×2%×25 天÷365 天）。

第四步，计算赊账购入成本。由于现货市场交易情况不同，我们不妨参照三个月贷款利率 4.77%来计算赊账购入成本。由此得出赊账成本约为 18 点（5472 点×4.77%×25 天÷365 天）。

第五步，判断有无套利机会。总的套利成本为 102 点（77 点+7 点+18 点）。锰硅远期 1511 合约的远期理论价格为 5479 点，扣除成本 102 点后为 5377 点，从 5377 点大于 4888 点的现货价格可以得出存在套利机会的结论。

3. 期现套利交易策略的风险分析

期现套利交易策略不仅面临着风险，而且有时风险很大。主要的风险包括：①现货组合的跟踪误差风险；②现货头寸和远期头寸的构建与平仓面临着流动性风险；③追加保证金的风险。

由于面临这些风险，当考虑风险之后的套利收益率高于其他投资交易机会时，期现套利活动才可能发生。期现套利所面临的风险和预期收益率将影响套利活动的效率和远现价差的偏离程度。

（二）跨期套利策略

1. 跨期套利策略的概念和特点

跨期套利策略是指同一投资者以赚取差价为目的，在同一远期品种的不同合约月份建立数量相等、方向相反的交易部位，并以对冲或交割方式结束交易的一种套利策略。

跨期套利具有以下四个特点：①近期月份合约波动一般要比远期活跃；②空头的移仓使隔月的差价变大，多头的移仓会让隔月差价变小；③库存是隔月价差的决定因素；④合理价差是价差理性回归的重要因素。

合理价差在正向市场中有效。在正向市场中，以相邻月份为例，远月比近月价格高出的部分主要是仓储费、交割手续费和资金占用利息。

在正向市场中，在基本面和技术面没太大变化的条件下，如果两合约的价格差偏离合理价差太多，则可以考虑进行套利。

2. 跨期套利策略的类型

跨期套利策略属于套利交易中最常用的一种，在实际操作中又分为牛市套利、熊市套利和蝶式套利三种策略。

(1)牛市套利策略

牛市套利策略又称买多套利策略或多头套利策略，是指牛市套利者看多市场，认为近期合约的涨幅将大于远期合约，从而买入近期合约、卖出远期合约的跨期套利交易策略。当市场是牛市时，一般来说，较近月份的合约价格上涨幅度要大于较远期合约价格的上涨幅度。如果是正向市场，远期合约价格与较近月份合约价格之间的价差往往会缩小；如果是反向市场，则近期合约与远期合约的价差会扩大。无论是正向市场还是反向市场，在这种情况下，买入较近月份的合约同时卖出远期月份的合约进行套利，盈利的可能性都比较大。

下面我们以早籼稻远期合约为例，介绍牛市套利策略的运用。

在2012年10月1日，2013年3月早籼稻合约价格为2.16美元/蒲式耳，5月的合约价格为2.25美元/蒲式耳，两者价差为9美分。交易者预计早籼稻价格将上涨，2013年3月与5月的远期合约价差有可能缩小，于是在买入1手(1手为5000蒲式耳)3月早籼稻合约的同时卖出1手5月早籼稻合约。到了2012年12月1日，2013年3月和5月的早籼稻远期价格分别上涨为2.30美元/蒲式耳和2.27美元/蒲式耳，两者的价差缩小了6美分。交易者同时将两种远期合约平仓，从而完成套利交易。

(2)熊市套利策略

熊市套利策略又称卖空套利策略或空头套利策略，是指熊市套利者看空市场，认为近期合约的跌幅将大于远期合约，从而卖出近期合约、买入远期合约的跨期套利交易策略。当市场是熊市时，一般来说，较近月份的合约价格下降幅度要大于较远期合约价格的下降幅度。如果是正向市场，远期合约价格与较近月份合约价格之间的价差往往会扩大；如果是反向市场，则较近月份合约与远期合约的价差会缩小。无论是在正向市场还是在反向市场，卖出较近月份的合约同时买入远期月份的合约进行套利，盈利的可能性都比较大。

下面我们仍以早籼稻远期合约为例，介绍熊市套利策略的应用。

在2012年10月1日，2013年3月早籼稻合约价格为2.16美元/蒲式耳，5月的合约价格为2.25美元/蒲式耳，前者比后者低9美分。交易者预计早籼稻价格将下降，2013年3月与5月的远期合约的价差有可能扩大，于是在卖出1手(1手为5000蒲式耳)3月早籼稻合约的同时买入1手5月早籼稻合约。到了2012年12月1日，2013年3月和5月的早籼稻远期价格分别下降为2.10美元/蒲式耳和2.22美元/蒲式耳，两者的价差为12美分，价差扩大。交易者同时将两种远期合约平仓，从而完成套利交易。

(3)蝶式套利策略

蝶式套利策略是指利用不同交收月份的价差进行套期获利，由两个方向相反、共享居中交收月份合约的跨期套利组成的跨期套利交易策略。蝶式套利策略是套利交易中的一种合成形式，整个套利涉及三个合约，分别是较近月份合约、远期合约和更远期合约，我们将其称为近端、中间和远端。它是一种期权策略，由一手远期合约跨期套利的牛市套利和一手远期合约跨期套利的熊市套利组合而成，风险有限，盈利也有限。

蝶式套利在净头寸上没有开口，在头寸的布置上采取1份近端合约、2份中间合约、1份远端合约的方式。其中，近端、远端合约的方向一致，中间合约的方向和它们相反，即一组是买近月、卖中间月、买远月(多头蝶式套利)，另一组是卖近月、买中间月、卖远月(空头蝶式套利)。两组交易所跨的是三种不同的交收期，三种不同交收期的远期合约不仅品种相同，而且数量相等，差别仅仅是价格。正是由于不同交收月份的远期合约在客观上存在着价格差异，而且随着市场供求关系的变动，中间交收月份的合约与两旁交收月份的合约价格还有可能出现更大的价差，这就引发了套利者对蝶式套利的浓厚兴趣，即通过操作蝶式套利，利用不同交收月份远期合约价差的变动对冲了结，平仓获利。

下面我们以早籼稻远期合约为例，介绍蝶式套利策略的运用。

a. 买入3手早籼稻3月合约，卖出6手5月合约，买入3手7月合约；

b. 卖出3手早籼稻3月合约，买入6手5月合约，卖出3手7月合约。

在 a 中，是牛市套利+熊市套利；在 b 中，是熊市套利+牛市套利。可见，蝶式套利是两个跨期套利的结合。

蝶式套利的原理：套利者认为中间交割月份的远期合约价格与两旁交割月份合约价格之间的相关关系将会出现差异。

(三)跨品种套利策略

1. 跨品种套利策略的概念

跨品种套利策略主要是指在买入或卖出某种资产或商品远期合约的同时，卖出或买入相关的另一种资产或商品远期合约，当两者的差价收缩或扩大至一定程度时，平仓了结的一种套利策略。

根据套利资产或商品之间的关系，跨品种套利策略可分为相关套利策略和产业链跨品种套利策略两种类型。跨品种套利策略通常以比价或价差来寻找套利机会，虽然具有一定可行性，但是作为外联套利，跨品种套利的价差或比值通常是沿着趋势变化的，一旦出现历史比值的高点(或价差)为今年比值的低点，就会造成套利的巨大损失。

2. 跨品种套利策略的运用

下面我们以豆油和菜籽油远期合约为例，介绍跨品种套利策略的运用。

由于豆油和菜籽油可以相互替代，两者的价格呈负相关关系，如 2007 年两者的相关系数为-0.63。从历史数据来看，二者的相关度总体不高，原因在于菜籽油价格对豆油价格的影响要在价差达到一定幅度后才会产生，同时生产调整和市场反应存在滞后性。但是，豆油和菜籽油的价差走势与菜籽油价格走势相关性很强，R^2 达到 0.86，为豆油和菜籽油套利提供了机会。同时，二者也经常会在市场波动下发生理论价差偏离，套利者可抓住偏离的时机进行两者之间的跨品种套利。根据理论价差偏离与较好的套利区间，套利者可以根据套利偏差值，选择适合自己风险承受度的套利机会进行套利交易。估计出套利的上下限，当理论偏离值落在套利上下限以外时，表示存在较好的套利机会。当价差偏离值在 1200 点以上时，豆油价格被高估，此时套利者可以买入菜籽油、卖出豆油进行套利；当价差偏离值小于-850 点时，套利者可以买入豆油、卖出菜籽油进行套利。同时，我们还需要寻求豆油、菜籽油两者的基本面支撑。

(四)跨市场套利策略

1. 跨市场套利策略的概念

跨市场套利策略是指在某个市场买入(或者卖出)某一交割月份的某种资产或商品远期合约的同时，在另一个市场上卖出(或者买入)同种资产或商品的远期合约，是一种利用两个市场的价差变动来获利的套利策略。通常，跨市交易既可在国内远期交易市场之间进行，也可在不同国家的远期交易市场之间进行。从贸易流向和套利方向一致性的角度出发，跨市场套利策略可以划分为正向套利和反向套利两种策略：如果贸易方向和套利方向一致，称为正向套利；反之，则称为反向套利。例如，国内棉花需大量进口，在美国做多棉花的同时，在国内做空棉花，这样的交易称为正向套利。相应地，了结方式有实物交割平仓和对冲平仓两种。一般来说，正向套利是较常用的一种跨市套利，而反向套利有一定的风险性，不建议经常采用。

选择跨市场套利策略，需具备三个前提条件：①远期交割标的物的品质相同或相近；②远期品种在两个远期市场的价格走势具有很强的相关性；③进出口政策宽松，资产或商品可以在两国自由流通。

由于涉及两个或多个市场，跨市场套利策略一般对资金的要求比较高。市场上从事跨市场套利的交易方主要为生产商、消费商、贸易商及一些实力雄厚的民间资金。在价差合适的时候，这些企业或机构可以利用自身在采购分销渠道及资金面上的优势，通过跨市套利来降低生产成本或获取价差变动收益。值得注意的是，随着市场的不断发展，大量跨市套利资金的活跃对国内外价格的影响力也在增强。总的来说，跨市套利风险相对较小，利润也相对稳定，是适合具有一定资金规模的机构投资者和追求稳健收益的投资者的一种远期投资方式。

2. 跨市场套利策略的运用

下面我们以棉花远期合约为例，介绍跨市场套利策略的运用。

无锡某公司是一家主要从事棉花进出口及加工的企业，年进出口量高达 30 万吨以上。经过多年的发展，公司与国内外众多纺织行业的企业建立了良好的业务关系，在进出口流程方面更是驾轻就熟。鉴于棉花跨市场套利机会每年都会出现，在日常经营中，该企业充分利用自身在信息及贸易渠道上的优势，在国内外棉花价差合适时，通过跨市场套利来获取低风险稳定收益。

2013 年 2 月，受到国储收储等利好消息影响，国内棉花走势明显强于美国棉花，由此导致两市比价持续走高。2 月 23 日，两市现货比价已升至 8. 77，3 月比价升至 8. 33，现货进口盈利 1700 元/吨，均处于近阶段相对高位。基于以下理由，该公司决定进行跨市场套利操作：

第一，剔除汇率因素影响后的两市 3 月比值为 8. 33/6. 87 = 1. 21，处于统计意义上的小概率区间。

第二，原料进口紧张，国内产量受到影响，但预期随着进口棉花逐渐集中到货，国内供应紧张局面有望缓解。

第三，近期美国库存基本不再增加，一定程度上验证了市场上关于国储在海外采购的传言。

第四，预期国内市场将逐渐转为正向结构，对正向套利可能发生的移仓较为有利。

第五，人民币汇率相对稳定，无须对冲外汇风险。

该贸易公司用于正向套利的资金共计 1000 万元，于 2 月 24 日分批建仓。从流动性及升贴水角度综合衡量，国内棉花方面选择远期 1305 主力合约进行建仓，美国棉花方面选择电子盘合约进行建仓。按 1∶1 比例建仓 1000 吨，即卖出国内棉花 200 手，买入美国棉花 40 手。国内棉花平均建仓价为 26520 元/吨，美国棉花平均建仓价为 3190 美元/吨。按建仓时的汇率折算，总计需保证金约 6411500 元（国内保证金按 10%计算，美国保证金按 13750 美元/手计算）。预计未来一段时间价格震荡上行的可能性更大，故国内备用金放置 200 万元，国外备用金放置 20 万美元。建仓时远期比价为 8. 31。如果比价按预期方向运行，计划当两市远期比值下降至 8. 0 附近止盈双边平仓；如果比值较长时间不回归，则考虑向后移仓，同时准备实物资源进口。总体而言，该公司此笔套利实现盈利是可以得到保障的。

此次跨市场正向套利最终的结果是，3 月 11 日比值达到预期，该公司选择双向平仓，国内棉花平仓均价为 29120 元/吨，美国棉花平仓均价为 3660 美元/吨。半个月客户收益（扣除手续费后）约为 600 元/吨×1000 吨 = 600000 元，整体收益率约为 6. 00%。相对于庞大的资金量而言，这个收益已相当可观。

由上述案例可以看出，对资金雄厚的投资者或具有现货背景的企业客户而言，国内外远期市场间低风险甚至无风险的跨市场套利无疑为其资金运营或成本控制提供了很好的渠道。

3. 跨市场套利策略的风险分析

虽然跨市场套利策略是一种比较稳健的投资方式，但依旧存在以下风险：

第一，比价稳定性风险。比价关系只在一定时间和空间内具备相对的稳定性，这种稳定性是建立在一定的现实条件下的。一旦这种条件被打破，如税率、汇率、贸易配额、远洋运输费用、生产工艺水平等外部因素发生变化，将有可能导致比价偏离均值后缺乏回归性。

第二，市场风险。市场风险主要是指在特定的市场环境下或时间范围内套利合约价格的异常波动。处在这种市场情形之下的套利交易者如果不能及时采取相关措施，在交易所落实化解市场风险的措施过程中，可能会有获利头寸被强行平仓，留下亏损的单向头寸，从而导致整个套利失败。

第三，信用风险。由于国内禁止未经允许的境外远期交易，大多数企业只能采取变通方式通过注册地在中国香港或新加坡的小规模代理机构进行外盘操作，这种途径存在一定的信用风险。

第四，时间敞口风险。由于内外盘交易时间存在一定差异，很难实现同时下单操作，不可避免地会出现时间敞口问题，从而加大了跨市套利的操作风险。

第五，政策性风险。政策性风险也称系统性风险，指国家对有关资产或商品进出口政策的调整、关税及其他税收政策的大幅变动等可能导致跨市场套利的条件发生重大改变，进而影响套利的最终效果。

六、远期合约套利策略的风险

远期合约套利策略利用远期合约不同到期月份、品种或市场的价差变化来进行投资，由于在估计套利边界时有些参数是无法准确设定的，会给套利带来一定风险。但是，相对于对合约价格进行投资的完全投机策略，价差波动幅度远远小于合约价格波动幅度，因此远期合约套利策略虽然存在风险，但风险远远小于纯粹的投机策略。

考虑到价差运行的不确定性，投资者需要对不同价差的运行进行预测，因而这种套利形式不是完全无风险套利。价差运行的方向与投资者预测的方向一致，则套利交易可以盈利，反之，则会亏损。因此，套利具有一定的投机性。对于风险承受能力较小的投资者而言，建议在价差达到一定程度后再进行套利。

远期交易实行保证金制度，在价格向不利于投资者的方向变动、套利者保证金不足时，将被要求追加保证金，如不能按时缴足保证金，将面临强制平仓风险。一旦发生这种情况，投资者套利将受到巨大影响，甚至会失败。正是考虑到这一点，在上述套利策略中，投资者一定要留有相对较多的远期保证金，但在价格剧烈波动时，仍有可能出现保证金不足的情况。

第四节　远期合约投机

一、远期合约投机概述

（一）远期合约投机的概念

远期合约投机是指投资者在远期市场上采取适时低买高卖或高卖低买的策略，以期从中赚取差价的交易行为，即：当投资者预期现货价格将上涨时，采取在远期市场上先低价买入开仓，等待现货价格走高之后再高价卖出平仓；当预期现货价格将下跌时，则采取在远期市场上先高价卖出开仓，等待现货价格下跌之后再低价买入平仓。若现实中现货价格走势如投机者预期，无疑他们将获得相应的利润，然而如果现货价格的实际走势与投机者预期相反，投机者将会亏损。根据预测涨跌方向的不同，远期合约投机交易可分为多头投机和空头投机两种。多头投机就是预计未来价格将上涨，在当前价格低位时建立多头仓位，持券待涨，等价格上涨后通过平仓或者对冲获利；空头投机就是预计价格将下跌，建立空头仓位，等价格下跌之后再平仓获利。相对于投资现货，远期投机的低交易成本及高杠杆比率使其更能吸引投资者。对那些寻求市场风险的人士，远期提供了高收益、高风险的机会。

(二) 远期合约投机的特点

和其他交易行为相比，远期合约投机具有以下三个特点：

第一，以获取价差利润为目的。投机者参与远期交易的目的是在汇集各方面市场信息的基础上，采用一定的分析方法对远期价格走势进行预测，通过低价买进、高价卖出获得价格变动的差额收益。

第二，主动承担风险。投资者在选择远期投机和套期保值时对待风险的态度是完全不同的。套期保值者的目的是规避价格波动的风险，投资者完全是风险厌恶的；而投机者则是主动承担价格波动的风险，是风险偏好者或喜爱者。因此，参与投机交易的投资者一般具备较强的风险承受能力。投资者应审慎评估、谨慎决策。

第三，一般不进行交割。投机者没有买卖合约标的物的实际需求，一般不会在远期市场上进行交割，而是选择在远期合约到期之前将合约平仓。因此，投机者关心的并不是实际的标的物，而是合约价格变动的趋势和差额。根据国际经验，远期市场往往比现货市场对突发事件反应更敏感，投机者往往在得到消息后，先在远期市场建立相应的头寸。投机者在进行有效的行情分析后，必须把握机遇入市交易，同时可以选择期权、互换等工具进行组合，以尽可能降低投资风险。

二、远期合约投机策略

(一) 远期合约投机策略的定义和分类

远期合约投机策略是指投资者根据对市场的预期，通过买进或卖出远期合约来赚取价差投资利润的交易策略。

按照频繁程度，可将远期合约投机策略分为频繁交易、当天或短线交易和部位交易三种策略。

1. 频繁交易策略

频繁交易策略是指投资者随时观察市场行情，即使波动幅度不大，也积极参与，迅速买进或卖出，每次交易的金额较大，以赚取微薄利润的策略。该策略的特点是周转快、风险小、盈利少，一般是程序式量化投资、操盘手或做市商操作方式。

2. 当天或短线交易策略

当天或短线交易策略是指投资者只关注当天或几天的市场变化，在早一些时间建立仓位，在当天闭市之前结束交易的策略。这种交易属于博短线，能规避市场的隔夜风险。该策略的特点是周期短、风险小、盈利少，一般是散户操作方式。

3. 部位交易策略

部位交易策略是指投资者预测未来一段时间内远期价格将出现上涨行情或下跌行情，在当前建立相应头寸并在未来行情结束时进行对冲平仓的策略。该策略的特点是持续时间长，主要基于基本面走势进行判断。根据价格趋势判断，投资人可以进行远期合约裸头寸的交易，即在资产或商品价格看跌时单纯做多远期合约，或在资产或商品价格看升时单纯做空远期合约，并在远期合约到期前平仓或移仓至远端远期，以避免到期交割时受到收取或交付实际资产或商品的约束。借助于保证金的杠杆放大作用，这样的长期裸头寸策略具有高风险和高收益的特点，一般是程序式量化投资、机构投资者操作方式。

（二）远期合约投机策略的风险

远期合约投机策略是对合约价格变动进行投资，而合约价格无法精确预测。远期交易保证金杠杆放大效应的波动幅度可能无限大，因此远期交易的风险可能无限大，一旦控制不好，会遭受难以估量的经济损失。投资者在做远期投机交易时，一定要做好风险防控工作，应尽可能把各类风险控制到最低。

第四章　互　换

第一节　互换概述

一、互换的内涵

互换是指两笔数量相同、期限相同或不同，浮动价格或优势价格相互调换的交易方式。这个相互调换是双方的，如甲方以固定价格换取乙方的浮动价格，乙方则以浮动价格换取甲方的固定价格，或甲方以优势价格换取乙方的优势价格。互换的目的在于降低价格风险和经营成本，这也是互换出现的原因。互换起源于1982年，是适用于生产销售和采购消费的一种交易新技术，也是一种新型的规避风险的金融技巧，已在国际上被广泛采用。

互换发生的两个前提条件：①存在品质价差；②存在相反的消费意向。互换的本质是出于市场或资产交易目的互换现金流量。大多数互换协议是一方对冲某种类型的风险，而另一方寻求价格波动带来的投机利润。互换是一个在柜台交易的衍生工具，它允许各方在一定的时间内互换一系列的现金流。互换有两个主要组成部分：固定腿和浮动腿（交换的现金流被称为互换的“腿”）。固定腿是互换的套期保值方，其目标是控制市场风险。浮动腿是从被固定的腿授予对手方的相对比率或价值的变化中获利的一方。

浮动腿与标的市场价格或商定的指数相关，而固定腿在合同中约定。一般来说，浮动腿由消费者持有。固定腿一般由同意支付浮动价格的生产商持有，这是由标的的现货市场价格决定的。最终的结果是，消费者在规定的时间内获得价格保证，和生产者形成对冲，在相同的时间内保护他们的价格不变。通常情况下，互换是现金结算，但也可以在合同中约定进行实物交割。

举一个例子：假设X公司在接下来的两年中需要购买250000桶石油。1年和2年交割的石油远期价格为每桶50美元和每桶51美元。此外，1年期和2年期的零息债券收益率分别为2%和2.5%。可能会发生两种情况：预先支付整个成本；每年交收后支付。

为了计算每桶石油的前期成本，用远期价格除以它们各自的零息利率，并根据时间进行调整。在这个例子中，每桶石油的成本计算如下：

每桶石油的成本 $=50/(1+2\%)+51/(1+2.5\%)^2=97.56$ 美元

通过当天支付97.56×250000，即24390536美元，保证消费者在两年内每年获得250000桶石油。然而，由于对手方的信用风险，石油可能不会被交付。在这种情况下，消费者可能会选择分两笔付款：当石油被交付时，每年支付一次。为保证两次支付的总成本相当，通过以下方程求每桶石油的成本：

每桶石油的成本 $=X/(1+2\%)+X/(1+2.5\%)^2=97.56$ 美元

我们可以计算出，消费者必须每年以50.49美元/桶的价格支付价款。

在这个例子中，互换被石油生产商用于对冲相关商品价格的波动风险。通过销售的互换，生产者可以明确的价格锁定特定石油生产，从而使他们有确定的未来现金流。对手方购买互换，博采石油的价格会高于或低于互换协议上的价格。当然，该原则也适用于以资产、负债、货币、证券、股票或商品等标的互换的套期保值，如浮动-固定利率贷款的英国英镑或日本日元的套保。

互换是非标准化的合约，在柜台交易(场外交易)。然而，为了方便交易，市场参与者开发了ISDA主协议，其中包括一个互换合同的“非经济”的条款，如陈述与保证、违约事件和终止事件等，以及交易双方仍需协商费率或价格、金额、期限、担保等。

在大多数情况下，互换协议的双方会约定在未来多次交换现金流，因此可以把互换看作一系列远期的组合。也就是说，每一次现金交换都构成一个远期合约。当互换发起时，任何一方都不互换任何现金。在开始执行互换合同时，互换没有价值。一方倾向于支付固定价格，而另一方需支付基于资产的变动价格。然而，一个互换合约也可以被构造成使双方均需支付给对方一个基于资产的变动价格。互换交易双方在结算日付款给彼此。

各方也可以约定只是支付彼此之间所欠金额的净差额，这被称为净轧差。最后付款在到期日完成。互换通常在场外交易市场交易，这意味着互换交易者面临着巨大的信用风险。

二、互换的种类

互换的种类很多，最基本的形式是固定价格和浮动价格的互换（Fix-for-Floating Commodity Price Swap），以及在此基础上产生的变形，具体包括价格和利息的互换（Price-for-Interest Commodity Swap）、基础互换（Basis Swap）、分解差价互换（Time Spread Swap），以及衍生出来的宏观经济互换（Macro-Economic Swap）、通胀率互换（Inflation Swap）等。

（一）固定价格和浮动价格的互换

固定价格和浮动价格的互换往往发生在生产者和购买者之间，两者签订互换合约，规定生产者基于一定的标的数量向购买者支付浮动价格；而购买者向生产者支付同等数量标的的固定价格，该价格由双方协商而定，具体结构见图 4-1。

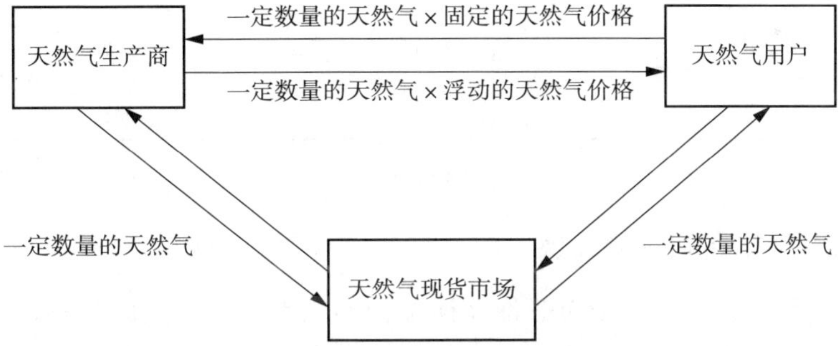

图 4-1　固定价格和浮动价格互换的结构

以上举了一个以天然气作为标的物的固定价格和浮动价格互换的例子。在这个例子中，参与方为天然气生产商、天然气用户。为了固定天然气的成本，天然气生产商在规定的时间内支付给天然气用户以浮动天然气价格结算的金额，而天然气用户则支付以固定价格结算的金额。

一份互换交易合约需要明确数量、期限、价格指数、结算方式以及证明文件。基于商品互换合约的报告及相应解释示例见表 4-1。

表 4-1　Enron 天然气公司互换的确认书

类别	解释	案例
交易日	交易双方签订合同的日期	2009 年 1 月 16 日
执行日	合约开始执行的日期	2009 年 1 月 20 日
到期日	合约结束的日期	2011 年 7 月 31 日
标的物	互换的标的物	NYMEX 天然气期货
名义数量	交换的标的物的数量	77500MMBTU
名义数量/每个结算期	每一个结算日期交换的标的物数量	2500MMBTU
支付日期	净额结算的日期	在结算周期
假日历法	结算依据的假日历法	纽约
固定价格支付方利息		
固定价格支付者		对手方
固定价格		USB6. 2950/MMBTU
浮动价格支付方信息		
浮动价格支付者		ENRON
参考价格	浮动价格参考的标的物价格	NG00Y
清算日	清算方式	每月一次
价格来源		NYMEX
定价日期		在生效日前交易所交易的相关期货合约的最后一个交易日

资料来源：芝加哥商品交易所(CME)官方网站。

(二)价格和利息的互换

价格和利息的互换是前一种互换结构的变形。在这种结构中，生产商和消费者达成协议，以某一标的的固定数量互换浮动利率付款。生产者利用该交易来规避融资成本相对于价格的上升，具体结构见图 4-2。

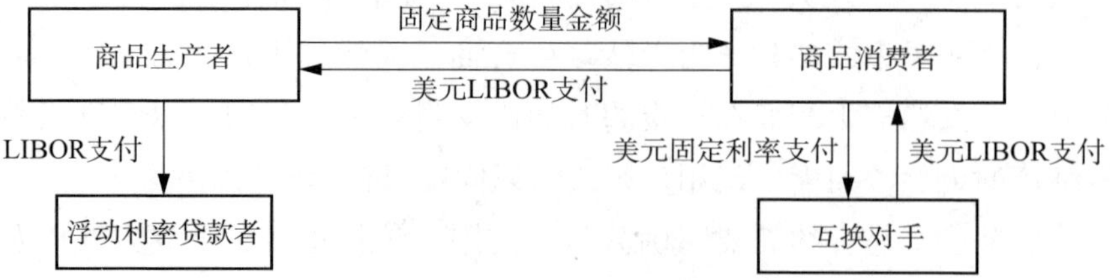

图 4-2　价格和利息互换的结构

这个互换交易由三个过程组成：首先，生产者向借款机构借入浮动利率的贷款为生产产品做融资；其次，和互换者进行一个价格和利息的互换，由生产者向消费者支付固定商品数量，并从消费者那里获取以名义本金计算的美元 LIBOR（伦敦同业拆借利率）；最后，消费者通过利率互换对冲利率的变动风险。

（三）基础互换

在基础互换中，从事交易的一方获得一个与某一价格指数相关的价格，同时支付以另一价格指数为基础的价格，这一支付的目的在于从同一类型的产品中获得利润。图 4-3 中包括两个互换：一个是价格和利息互换；另一个是基础互换。生产商由于企业和市场的差异，交易了不同的指数产品，为了规避两个指数间的差异，可以通过进行一个基础互换（扁平框）来消除 WTI 和 Tips 之间的价格不一致。

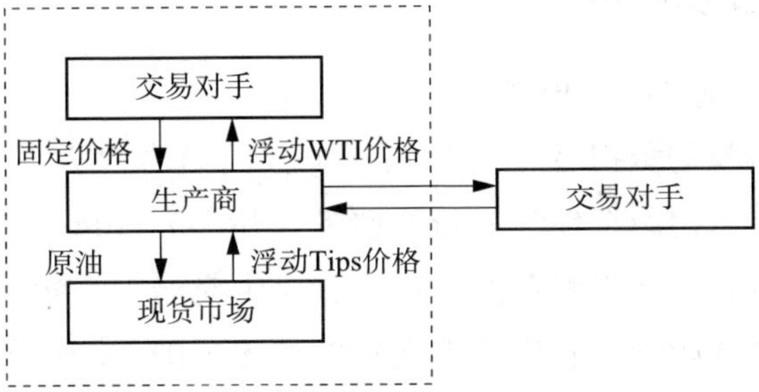

图 4-3　基础互换的结构

（四）其他类型互换

除了前文介绍的互换，还有分解差价互换、时间差价互换、宏观经济互换、通胀率互换。这些互换都基于互换中最基础的浮动价格和固定价格互换，在结构或者标的物上进行改变，基本原理是相同的。针对名义本金可变的诉求，后来又出现了增长型互换、减少型互换和滑道型互换等。还有对互换结构做出更多维改变的基点互换、后期确定互换、差额互换和互换期权等类型。其中：基点互换是指互换的现金支付额以两种不同的浮动价格指数进行核算的互换；后期确定互换是指互换生效日在未来某一确定时间的互换；互换期权本质上是期权，而不是互换，只是该期权的标的物为互换。

三、互换交易的退出

类似于一个投资者在到期前出售一个交易所交易的期货或期权合约，互换双方之一也存在在协议终止日期之前退出互换的需要。在互换交易中，有四种基本的交易退出方法：①完全支付给交易对方。就像期权或期货合约，互换具有可计算的市场价值，所以一方可以通过支付互换的市场价值来终止合同。然而，这不是一个自动的功能，必须提前在互换合约中指定，或退出的一方必须获得对方的同意。②买入一个对冲互换。即建立一个与上一互换方向相反的互换。③卖出互换给别人。一方可以将合约卖给第三方，但需要对手方的许可。④使用互换期权。购买互换期权将使一方建立但不进入他们在执行最初互换时可能用来对冲的互换，这将降低与普通互换相关的市场风险。

四、互换交易的风险

1. 互换交易风险的承担者

互换交易风险的承担者主要包括：①合同当事双方。在互换交易中，合同当事双方要负担原有债务或新的债务，并实际进行债务交换。②中介银行。中介银行在合同当事双方的资金收付中充当中介角色。③交易筹备者。交易筹备者的职责是安排互换交易的整体规则，决定各当事者满意的互换条件，调解各种纠纷等。交易筹备者本身不是合同当事者，一般由投资银行、商业银行或证券公司担任，收取一定的互换安排费用（一次性），通常为交易总额的0.125%~0.375%。

2. 互换交易风险的类型

互换交易面临的风险包括信用风险、政府风险、市场风险、收支不对应风险、结算风险等。其中，最常见的是市场风险和信用风险。

（1）市场风险

互换是在未来特定时间内互换现金流量的两方之间的一种协议。互换协议涉及两条腿：固定腿和浮动腿。固定腿的持有人根据固定价格水平支付。浮动腿的持有人按照由价格指数（如期货价格）决定的浮动价格支付。互换的价格风险是很大的，因为价格不总是像预期的那样变动。互换的双方都面临价格风险。固定价格腿成分的持有人会由于价格走高而面临无法获得更高回报的风险。浮动价格腿成分的持有人会由于价格下降而面临现金流损失的风险。对于利率互换来说，主要的市场风险是利率风险；而对于货币互换而言，市场风险包括利率风险和汇率风险。值得注意的是，当利率和汇率的变动对交易者有利时，交易者往往面临着信用风险。市场风险可以用对冲交易来规避。

(2)信用风险

互换是交易对手之间私下达成的场外协议，因此会面临信用风险，也就是交易对手违约的风险，即交易对手方违约，无法履行其在互换协议条款下的义务。如果浮动腿的持有人不能在互换协议下付款，固定腿的持有人有信用风险暴露。这是固定腿的持有人试图规避的风险。例如，2008 年全球金融危机的一个潜在原因就是互换交易的交易对手违约。对此，美国政府试图通过 Dodd Frank 法案提高透明度，降低互换交易的系统性风险。Dodd Frank 法案将绝大多数场外金融衍生品交易移到交易所交易，并通过清算中心结算。这种新的市场结构有助于防止一个对手方违约产生的波动效应影响较大的经济体。此外，当互换对公司而言价值为正时，互换实际上是该公司的一项资产，同时是合约另一方的负债，该公司面临合约另一方不执行合同的信用风险。往往为了规避信用风险，该公司会要求合约的另一方进行信用增强。

第二节　互换套期保值

一、互换套期保值的概念和特点

(一)互换套期保值的概念

互换套期保值(Swap Contract Hedging)是指企业为规避价格风险使用一项或一项以上互换工具，使互换工具的公允价值或现金流量变动预期抵消被套期项目全部或部分公允价值或现金流量变动风险的一种交易活动。通过互换套期保值，可以在市场价格波动中保障收益或锁定成本，规避价格波动的风险。使用互换合同，一般出于以下两种动机：商业需求和比较优势。一些公司的正常业务操作会导致某种类型的价格风险，互换可以规避这种风险。

互换套期保值的基本原理：根据大卫·李嘉图的比较优势理论和利益共享原则，由于交易双方在信用等级、来源、地理位置以及信息掌握程度等方面的差异，他们在各自的领域存在着比较优势。因此，双方愿意达成协议，发挥各自优势，然后互换，达到两者“总成本”的降低，进而由于利益共享，使互换双方的价格风险、经营成本都得到有效降低。

（二）互换套期保值的特点

互换套期保值具有七个特点：①作为金融衍生工具，为表外业务，可以逃避利率管制、税收限制等管制壁垒，有利于资本的流动。②金额大、期限长。互换一般属于大宗交易，金额较大；绝大部分互换交易的期限较长。③交易灵活，成本较低，流动性较强。互换是典型的场外市场交易工具，不能在交易所上市交易，可以根据客户的具体要求设计产品，无保证金要求，交易不受时间、空间以及报价规则的限制。具体交易事项由交易双方自主商定。④风险较小。互换不涉及本金交易，信用风险仅取决于不同价格计算的价格差，而且其中包含了数个计价期，能够有效地规避长期价格风险。⑤参与者信用较高。互换交易的双方一般信用都比较高，因为如果信用太低，往往找不到合适的互换对手，久而久之，就会被互换市场淘汰。⑥影响较小。互换对双方财务报表没有什么影响，现行的会计规则也未要求把互换列在报表的附注中，故可对外保密。⑦手续较简单，交易不一定能迅速达成。这是因为，互换不像期货交易那样有标准化的合约，有时也可能找不到互换的另一方。

（三）互换套期保值的原则

互换涉及一种或多种标的物，因此不像期货和远期套期保值那样遵循种类相同原则，只是对一种套期保值而言。互换套期保值交易应遵循以下原则：①数量相等原则。该原则要求投资者在进行套期保值操作时，所选用的互换品种的合约上所载明的系列标的数量之和必须与现货市场上要保值的标的数量相当。只有如此，才能用一个互换市场上的交易弥补在现货市场上交易可能发生的损失，从而增强套期保值的效果。②交易方向相反原则。该原则要求投资者在进行套期保值操作时，现货市场是卖或买，互换市场则是支付浮动价格或固定价格。由于同种（相近）商品在互换市场上已按意愿确定好未来支付价格，为达到套期保值的目的，必然会在互换市场上进行与现货市场相反方向的交易。③月份相同或相近原则。该原则要求投资者在进行套期保值操作时，所选用互换合约的交割月份与现货市场的拟交易时间尽可能一致或接近。企业利用互换进行套期保值交易实际上是一种以规避现货交易风险为目的的风险投资行为，是结合现货交易的操作。

（四）互换套期保值在企业生产经营中的作用

第一，降低企业的成本。互换是一种基于比较优势和利益共享原则的交易。当一家企业在某一市场具有购货优势，而在该市场筹资的类型与其所需不同时，可以通过互换得到其所需的类型，这样也可以降低经营成本。

第二，规避价格风险。在传统的商品销售中，销售合同一旦签订就必须履行，标的商品基本上没有流动性可言，相应地，价格风险也不容易规避。价格互换可以使商品灵活地转变成企业所需的形式，从而很好地规避价格风险。例如，为了避免价格上涨，交易者将浮动价格的标的与相同名义本金的固定价格进行互换，用所收取的浮动价格冲抵原来标的的价格支出，自己支付固定价格，从而将价格上涨的风险转嫁出去。

第三，更好地进行资产与负债的匹配。企业的资产和负债往往不能很好地匹配，这样就会带来很大的风险。互换以名义本金为基础进行交易，可以不经过资金转移，直接对资产和负债进行表外匹配（即通过转换资产或转换负债两种方式）。下面通过两个例子进行简要说明。

【例 4-1】　利用互换转换某项负债：A 公司原来持有一项未来固定价格为 620 元的支付负债，B 公司持有一项利率为 LIBOR 的负债，互换过程见图 4-4。

图 4-4　互换过程（利用互换转换某项负债）

由图 4-4 可知，对 A 公司来说，该互换将 620 元的固定价格负债转换为 LIBOR 的浮动价格负债，实现了负债性质的转换。

【例 4-2】 利用互换转换某项资产：A 公司拥有利息为 560 元的资金，B 公司有一份利率为 LIBOR 的资金，互换过程见图 4-5。

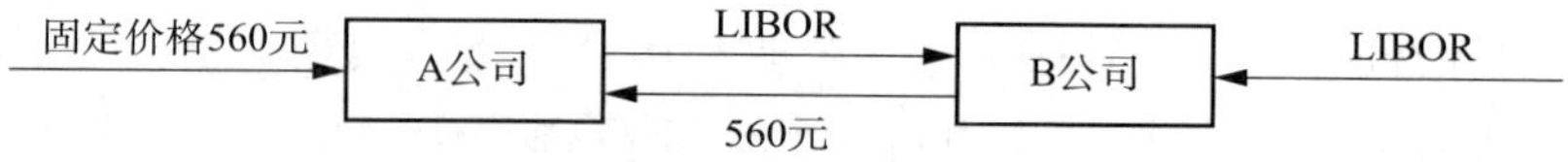

图 4-5 互换过程（利用互换转换某项资产）

由图 4-5 可知，对 A 公司来说，该互换将固定价格资产转换成收益为 LIBOR 的浮动价格资产，实现了资产性质的转换。

除此之外，还可以进行长期负债（资产）与短期负债（资产）的互换，以实现资产久期与负债久期的匹配。在进行长短期互换时，双方由于期限的差别，需要签订一个“滚动”协议。也就是说，当第一份合约到期时，持有短期负债（资产）的公司就相同标的负债（资产）与对方再签订一份合约，如此“滚动”下去，最终达到双方负债（资产）久期的互换。

第四，拓宽融资渠道。某些企业由于信用等级等的限制，融资渠道比较狭窄，或者不能获取对自己最适合的融资。企业可以在自己最熟悉的市场上筹资，然后通过互换达到自己的目的，从而突破某一市场对企业融资存在特定要求的限制，拓宽融资渠道。

第五，有利于大型企业发展做市商业务。互换属于场外交易，需要大量的做市商和经纪商，投资银行是充当这一角色的最好选择。作为互换双方的中介，做市商可以赚取价差收入和无风险的佣金收入。另外，做市商受到政府的监管以及各种法规的限制比较多，而互换属于表外业务，不用改变企业的资产和负债就可以带来大量的收入。互换在增加中间业务的同时，既可以缓解企业利润过于依赖存贷款利差的情况，又可以进一步降低企业所面临的利率风险。

其他金融机构如基金公司、保险公司、券商等都经常暴露在价格风险之中，因此，对互换有很大的需求。例如，对于基金公司，当价格上升时，可能面临赎回的压力，只能被动地将一些资产变现，从而改变整体投资策略，还会造成一段时间的净值下降。处理这种资产或商品价格风险，互换是一个很好的选择。券商可以积极地参与互换经纪业务，在进一步活跃整个资金市场的同时，获取中介费用。

二、互换套期保值的交易策略

(一) 互换套期保值策略的定义及分类

互换套期保值策略是指利用互换头寸为现货市场的多头或空头头寸进行保值，保值者在现货市场卖出或买进某一笔资产或商品的同时，在互换市场上做一笔资产数量相当、期限相同但支付固定价格或浮动价格的交易，以期保值。

根据参与互换交易的方向不同，可以把互换套期保值策略分为买入套期保值策略、卖出套期保值策略、选择性套期保值策略、双方直接套期保值策略和降低交易成本套期保值策略五种。

1. 买入套期保值策略

买入套期保值策略的概念已在远期合约部分介绍，这里不再赘述。我们通过一个例子分析如何通过互换进行买入套期保值。

例如：一个在休斯敦的大型燃油消费公司想锁定特定月份的超低硫柴油预期价格。假设该公司打算对冲明年 1 月预期油耗的 80%，即 10 万加仑，又担心到明年 1 月燃油价格上升。为了实现对冲，该公司可以从交易对手中购买明年 1 月的商品互换合约，其中约定燃油消费公司按照超低硫柴油的固定价格支付给交易对手，交易对手提供浮动价格给燃油消费公司，合约到期时双方按照浮动价格和固定价格的差值计算净头寸金额。如果商品互换合约对应的超低硫柴油固定价格为 1. 3166 美元/加仑，我们来计算一下商品互换结算时，超低硫柴油价格比 1. 3166 美元/加仑更高和更低时，商品互换的结果：

第一种情况，假设燃油价格上升，在明年 1 月所有交易日的超低硫柴油为 1. 5 美元/加仑，则商品互换的对冲者将获得 0. 1834 美元/加仑(1. 5 美元/加仑-1. 3166 美元/加仑)或 18340 美元。燃油消费公司可以从交易对手方处获得 18340 美元，以对冲超低硫柴油价格从 1. 3166 美元/加仑增长到 1. 5 美元/加仑的实际成本。

第二种情况，假设燃油价格下降，在明年 1 月所有交易日的超低硫柴油为 1. 2 美元/加仑，则商品互换的对冲者将损失 0. 1166 美元/加仑

(1.3166美元/加仑-1.2美元/加仑)，在这种情况下，燃油消费公司需要支付给交易对手方11660美元。

从上述两种情况我们可以看到，通过购买超低硫柴油互换，无论结算时超低硫柴油的价格比1.3166美元/加仑高还是低，燃油消费公司的燃油成本都为1.3166美元/加仑。如果超低硫柴油的结算价格比1.3166美元/加仑高，燃油消费公司可以从商品互换中获得收益来弥补现货柴油价格的上涨；如果超低硫柴油的结算价格比1.3166美元/加仑低，燃油消费公司可以用现货柴油价格的下降来弥补商品互换交易的亏损。

2. 卖出套期保值策略

与买入套期保值策略相对，卖出套期保值策略是指投资者因担心卖出的资产或商品价格下跌而卖出相应的资产或商品互换合约进行套期保值的一种交易策略，即在互换市场上先建立互换，支付浮动腿，待价格下跌后，从对手方获得按照浮动价格与固定价格之间的差额计算的净头寸金额，以对冲价格波动风险。因此，卖出套期保值又称空头套保。卖出套期保值的目的是锁定资产或商品的卖出价格，规避价格波动风险。例如：生产企业预计未来会生产大量产品，但又担心未来产品价格下跌，卖出产品时利润减少。这时，可建立互换支付浮动价格腿成分对冲资产或商品价格下跌风险。互换交易采用净差额现金结算机制，因而买入互换所需的资金量较小。又如：生产企业有大批产品需要销售，由于销量巨大，短期内售出产品必然压低价格，减少利润，如果分批卖出，又担心价格下跌。此时，卖出互换合约是解决问题的一种方式。可先建立对应数量的资产或商品互换支付浮动价格腿成分，然后逐批对这些互换合约进行交割，从而实现对大量资产或商品经营利润的锁定。

3. 选择性套期保值策略

在实际操作中，套期保值者期望在互换交易中达到规避风险的目标的同时，还能获取投机收益，这时就会采取选择性套期保值策略，即：在买入套期保值或卖出套期保值的同时，暴露一定的风险敞口，增加投机收益。

下面我们以某饲料企业为例，介绍选择性套期保值策略的运用。

为维持正常生产，饲料企业需在维持必要库存的同时持续采购菜籽粕。企业担心未来菜籽粕价格上涨而面临更高的采购成本和库存机会成本，故而采用选择性套期保值策略进行套保。假如该企业 3 月份以 2050 元/吨签订了菜籽粕采购合同，而企业的加工、销售期长达3个月，这期间如果菜籽粕现货价格下跌(如跌至 1980 元/吨)，将使企业面临较高的成本。为规避价格下跌风险，该企业将在互换市场上支付浮动腿成分，采取卖出套期保值的选择性套期保值策略。

如果菜籽粕市场参与者均预测未来菜籽粕的价格会上涨，那么相较于 1980 元/吨的现货价格，未来 3 个月才会交付的菜籽粕合同价最终以 2050 元/吨敲定。在现货市场上，4 月份菜籽粕的价格就涨到 2180 元/吨。饲料企业认为此价格过高，未来会跌回到 2060 元/吨，显然 120 元/吨的价格变动幅度是相当可观的投资收益。此时，该企业将在互换市场上以 2180 元/吨建立支付浮动腿成分的菜籽粕互换，在为现货合同保值的同时，锁定利润，获取投机收益。

对原料存货是否需要采取选择性卖出套期保值策略、什么时候采取，要基于采购经理对市场和价格走势的综合判断。

4. 双方直接套期保值策略

双方直接套期保值策略是指生产者因担心卖出的资产或商品价格下跌而消费者因担心买入的资产或商品价格上涨而相互之间直接形成相应资产或商品互换合约进行套期保值的一种交易策略，即在互换市场上，生产者和消费者建立如下互换安排：生产者建立互换支付浮动价格腿成分，到期后履行互换协议支付浮动价格货款，消费者建立互换支付固定腿成分，到期后再履行互换协议支付固定价格货款。双方直接套期保值的目的是锁定上下游企业之间的资产或商品的卖出价格，以规避价格下跌或上涨的风险。

下面我们以天然气互换为例，介绍双方直接套期保值策略的运用。

Enron 是美国一家大型的综合性天然气生产公司，也是最大的天然气勘探公司之一，它拥有美国最大的管道系统并在全球进行天然气交易。我们可以把它定义为天然气的生产者、运输者、市场参与者。该公司每天向客户支付 56 亿立方英寸(1 立方英寸约为 0.00002 立方米)天然气，在所有的天然气销售合约中，仅有不到10%的合同是长期固定价格的，那么其他90%的头寸将暴露在天然气价格的波动中，并使企业未来的经营产生较大的不确定性。期货和期权可以帮助企业解决风险问题。这里重点分析互换的避险效果。

作为互换参与一方的Enron在FTC市场加入一个固定价格和浮动价格的互换，Enron按照合约向客户支付天然气的浮动价格（见表4-1），而客户向Enron支付固定价格每MMBTU6.2950美元，过程见图4-1。

Enron和天然气用户是不会也不可能直接进行天然气买卖的，因此需要通过天然气现货市场来买卖。那么未来，天然气的价格可能有两种走势，假设价格的波动率和2009年1月天然气的价格波动率相同，均为10%，那么未来一个月的价格，或者下降到USD 5.6655/MMBTU，或者上升到USD 6.9245/MMBTU，双方的具体结算见表4-2。

表4-2 商品价格互换对商品生产商的保值效果

NYMEX的天然气价格	价格下跌（USD 5.6655/MMBTU）	价格上涨（USD 6.9245/MMBTU）
互换方	Enron	Enron
天然气销售的收入	5.6655×2500	6.9245×2500
互换结算额	0.6295×2500	-0.6295×2500
净现金流	6.2950×2500	6.2950×2500

资料来源：芝加哥商品交易所（CME）官方网站。

当价格下降到USD 5.6655/MMBTU时，生产商的行为可以分为两部分：一部分是互换市场，一部分是现货市场。在现货市场上，Enron将自己的天然气卖到市场中，收入现金流为5.6655×2500；而在互换市场上，Enron支付给用户的现金流为5.6655×2500，收到的现金流为6.2950×2500，互换结算额为0.6295×2500（即6.2950×2500-5.6655×2500）。综合两个市场的情况，可以得出净现金流为6.2950×2500（即5.6655×2500+0.6295×2500）。同理，在价格上涨的情况下，也可以得到表4-2中最后一栏的结果。

在互换市场上，Enron把自己的价格稳定在USD 6.2950/MMBTU的水平上，当然这样的方式也让企业失去了因为价格上涨而获得利润的可能，但在一定程度上，如果价格下降，这种方式可以为Enron规避风险。互换对手方的天然气用户也可以用这样的方式来规避价格风险，从而保证在一段时间可以固定的价格来使用资源，具体计算方法见表 4-3。比如，如果价格下跌到 USD5. 6655/MMBTU，天然气用户在现货市场上买入天然气需要支付现金 5. 6655×2500，互换结算时要向 Enron 公司支付 0. 6295×2500。故而，天然气用户支出的净现金流为 6. 2950×2500（即 5. 6655×2500+0. 6295×2500）。

表 4-3　商品价格互换对消费者的保值效果

NYMEX 的天然气价格	价格下跌（USD5. 6655/MMBTU）	价格上涨（USD6. 9245/MMBTU）
互换方	天然气用户	天然气用户
天然气销售的支出	-5. 6655×2500	-6. 9245×2500
互换结算额	-0. 6295×2500	0. 6295×2500
净现金流	-6. 2950×2500	-6. 2950×2500

从上述例子可以看出，资产或商品的需求方或者供给方都对风险进行了有效的控制。当然，这在规避风险的同时，也回避了价格反向变动可能带来的利益。但在很多情况下，企业往往就存在这样的需求。比如，航空公司事先对某些客户承诺给予机票折扣，以占领更多的市场份额。按照这个安排，企业也许能够达到盈亏平衡或者有少量的利润，但油价如果上涨，或会造成公司的大幅亏损，或导致企业的承诺无法实现，因此需要一种措施来平抑价格，这时双方采用直接套期保值策略是一种非常有效的选择。此外，互换往往不是单独使用的，它可以与其他金融衍生品（如利率、货币互换、期权、期货交易）结合使用，从而使企业只需承担较低的融资成本。

此外，互换还被许多生产商用于防范利率风险。一些生产商为了扩大生产规模，会进行融资浮动利率贷款，这样他们可以选择用产品的价格和利率互换，把浮动利率的融资成本转化为一定数量的产品。这种形式将产品的生产、交割与融资成本的支付联系在了一起，既规避了浮动利率风险，又保证了一定数量产品的交割，对企业而言是非常有利的。

5. 降低交易成本套期保值策略

在两种市场上，有一方在一种资产或商品上优势更大，只要存在质量价差（Quality Spread Differential，QSD），就能进行资产或商品互换。如果其中一个公司在两个资产或商品市场上都有优势，则该公司可以通过互换获利或节约成本，这种互换策略就称为降低交易成本套期保值策略。

下面我们以早籼稻和大豆互换为例，介绍降低交易成本套期保值策略的运用。

假设A公司在早籼稻和大豆市场上都有价格优势，在市场上能够得到的早籼稻和大豆价格分别为2400元/吨和4600元/吨。假设B公司在早籼稻和大豆市场上只有价格劣势，在市场上能够得到的早籼稻和大豆价格分别为2500元/吨和4650元/吨。

可见，在两个市场上A公司都比B公司有优势，但是A公司在早籼稻市场上的优势(2500-2400=100)比在大豆市场上的优势(4650-4600=50)多50元，这便成为A公司在早籼稻市场上的比较优势。如果这时A公司想获得大豆(原因可能是A公司对未来大豆的预测较好或本身经营需要大豆)，便会产生互换的意愿。

假设A公司买入大豆，B公司买入早籼稻，没有互换发生，则两家公司总价格为4600+2500=7100元。

假设A公司买入早籼稻，B公司买入大豆，两家公司总价格为2400+4650=7050。这少了的50元/吨的利润，就是利用A公司和B公司各自的比较优势获得的。这50元/吨的利润，A公司和B公司可以按照双方的互换协定进行分配，这样双方都能通过互换交易达到降低经营成本的目的。

(二)互换套期保值策略的风险

互换套期保值策略是对合约的基差进行投资。互换和现货的基差变动很小，使其基差风险比期货套期保值低。但互换在场外进行交易。互换是双方承诺在将来某一天以特定价格买进或卖出一定数量的标的物(标的物可以是早籼稻、铜等资产或商品，也可以是股票指数、债券指数、外汇指数等指数产品)的合约，其所有事项都要由交易双方协商确定，谈判复杂，适应性和个性化较强，虽然基差风险很低，但其他风险极高。互换合约到期才进行净值现金流交割，名义本金不参与其中，故无价格风险。由于互换不是标准化合约，保证金或定金是否要付、付多少都要由交易双方确定，无强制性，同时互换交易没有交易所作为中央对手方的履约信用保证，合约到期时对方是否真的能够履约、现金交割后对方是否有能力付款、能否按货物品质交收等都不确定，存在极大的信用风险。由于进入互换的费用为零，互换缺乏对交易对手信用风险的强有力约束，如果价格波动大，到期时交易对手违约，就会给交易方带来损失，因而一方违约另一方无法获得赔偿的违约风险极大。同时，互换任何一方是无法单方面取消合约的，如果一方中途要取消合约，必须征得对方同意或找到愿意接替他履行合约的另一方。如果一方单方面违约，则按相关法律处理，但按法律赔偿程序处理耗时、耗财、耗力。因此，企业在利用互换进行套期保值时一定要关注上述风险，预先制定有针对性的风险预案，采取相应的防范各种可能风险的措施，将套期保值风险降到最低。

第三节 互换套利

一、互换套利概述

(一) 互换套利的内涵及种类

互换中的各方可以利用各自在不同市场上的比较优势与对方交换并获利——套利。我们可以将互换套利的过程归纳为四个独立的步骤：①建立成本/融资渠道矩阵；②确定各方的比较优势；③组织互换；④为互换定价。

互换套利以各参与方在资本市场上的不同融资本源的比较优势为基础。在互换中，互换双方各自将其在某一市场的比较优势进行交换，以达到各自的融资或投资目的。互换双方的比较优势主要表现在各自的税后成本或融资渠道方面。资本市场比较优势这一原则适用于利率互换、货币互换等所有互换交易。

互换套利大致可分为三大类：金融套利、税收和监管套利以及混杂套利。金融套利是指对在各种国际资本市场上具有相同结构和发行者信用标准的证券的不同价格进行套利，包括信用套利和进市场的分割、供求关系造成的套利。其中，信用套利之所以存在，是因为资本市场内部对信用风险估价不同，使风险溢价出现差异。利率互换套利、货币互换套利都在某种程度上依赖信用套利，在互换套利中占据极大比重。税收和监管套利的产生，是由于存在着对资本流动的人为限制或对资本流动的人为定价，如预扣税、投资资产选择限制、税收差异和补贴融资来源等。混杂套利是由市场的不完善及交易成交引起的互换套利。

在古典套利过程中，套利活动本身会最终使套利条件消失。然而，对各种互换套利来源进行仔细分析后会发现，互换套利从本质上而言大多是结构性的。这主要是指，互换交易的增长虽然会使套利利润减少，但其自身不会使套利利润消失。只是随着税收条款和监管条件的优化，市场有效性将得以提升，税收和监管套利、混杂套利的利润空间将不如金融套利。因此，本章将互换套利的研究重点放在了利率互换套利和货币互换套利上。

（二）利率互换的作用

利率互换可用于进行风险管理、锁定收益及合成新产品。无论何种用途，其最终目的都是降低交易成本、获得高收益、规避风险。正是由于利率互换用途广泛，利率互换市场才能日益壮大，发展迅速。

1. 降低融资成本

不同的投资者在同一个金融市场的信用评级不同，因而融资的利率也不同，存在相对的比较优势。利率互换可以利用这种相对的比较优势，取得双赢，使交易双方都能有效降低融资成本。

2. 管理资产负债，对冲利率风险

利率互换可用于转换资产负债的利率属性，转换或锁定资产尤其是债券投资的收益，转换或锁定资金成本（包括贷款成本、债券发行成本等），起到对冲利率风险的作用。

无论是固定利率还是浮动利率的持有者，都会受到利率变化的影响。对固定利率债券的持有人来说，如果利率的走势是上升，他将错失获得更多收益的机会，不过他可以利用利率互换将固定利率转换成浮动利率，付固定利率收浮动利率，以避免错失更多的潜在收益。对于浮动利率债券的发行人来说，如果利率的走势是上升，则发行成本会增大，发行人也可以利用利率互换将浮动利率转换成固定利率，收浮动利率付固定利率，以减少发行成本；反之，固定利率债券的发行人和浮动利率债券的持有人将承受市场利率下行的风险，他们可以通过利率互换付浮动利率收固定利率来规避风险。

对于有大量资产负债的机构来说，尤其是商业银行，也可以利用利率互换匹配资产负债的利率风险，管理资产负债缺口。商业银行可支付给存款客户一定的利息，从存款客户那里取得本金，用于发放贷款，从贷款客户处收取利息。然而，银行支付的存款利率和获取的贷款利率往往在期限上不匹配。存款利率和贷款利率的波动不一致会导致商业银行的收益存在较大的不确定性，进而使商业银行面临较大的风险，此时商业银行可以利用利率互换规避这种风险。

3. 构造产品组合

利率互换既能分解为债券头寸的组合，也可以拆分为远期协议的组合，在现实中，根据不同的市场需求，可将其与其他金融工具进行组合，构造出符合市场需求的新型金融工具。

二、互换套利的交易策略

(一)利率互换的交易策略

利率互换的交易策略包含两大类：单边交易和组合交易。单边交易主要是指方向性交易(Directional Trade)，即以投机为目的的纯单边交易。组合交易包括互换和现券的组合交易(基差交易)，以及互换与互换之间的组合交易(曲线利差交易)。

1. 单边交易

单边交易是投资者基于未来互换利率，并参考对利率走势的研判，采用相应方向操作的交易策略。单边交易策略可以持有互换到期，也可以通过相反交易在期间平仓。

如果预计未来利率会上升，可以支付固定利率收浮动利率，即一般意义上的买方，等到将来利率随预期上涨，利率互换固定端上行，投资者可以通过逆向操作，收固定利率付浮动利率，在期限匹配的情况下达到平盘的效果。由于付的固定利率比收的固定利率要低(市场预期利率上升会使固定端利率上升)，同时收付的浮动利率相等，投资者可以通过这个过程盈利。以上这种盈利方式是平仓盈利。投资者也可以通过持有至到期来盈利。在持有至到期的过程中，投资者收到的浮动利率价值高于开始建仓时对即将收到浮动利率的预期，即高于建仓时固定利率的价值，从而产生盈利。相反，如果预计未来利率会下降，可以收固定利率付浮动利率，即一般意义上的卖方同意通过引入第三方来平仓或者通过持有至到期来实现预期收益。

决定利率互换走势的主要因素包括基本面、资金面和政策面。基本面因素包括经济增长和通货膨胀因素，主要影响长端互换利率，而政策面和资金面主要影响短端互换利率。资金面除了银行间市场的自营资金以外，还包括国内和海外的客盘（即只能通过代理结算会员进入市场交易的机构）需求，国内的客盘包括各类金融机构和需要对冲利率风险的企业，国外的客盘主要指对冲基金。在人民币利率互换中，7 天回购互换主要受资金面影响，1 年定存利率互换和 1 年贷款利率互换则完全受到央行参考利率的影响，3 个月 Shibor 互换则同时受到资金面和央行参考利率的影响。显而易见，利率互换最终的盈亏取决于投资者期初对参考利率走势的把握。

2. *利率互换曲线利差交易*

对于同一参考利率的互换，根据互换利率曲线中不同期限的利差相对走势的变化，可以构造出曲线利差交易策略。

如果判断利率互换收益率曲线会变陡，即期限利差会扩大，则可以做多期限利差——买入长期 IRS、卖出短期 IRS，即浮动端是收长期利率付短期利率，固定端是付长期利率收短期利率；反之，如果判断利率互换收益率曲线会变平，则可以采用相反的做空期限利差交易——卖出长期 IRS、买入短期 IRS，即浮动端是收短期利率付长期利率，固定端是付短期利率收长期利率。当然，应该根据久期进行两个互换的资金匹配，两边的头寸配比应使基点价值 DV01 相等。

可以看到，利率互换曲线利差交易虽说是种双边组合交易，但相对于套利交易来说，它所依据的价差波动规律的确定性没有那么明显，它是一种和单边交易类似的投机，只不过投机的标的不一样。相对单边交易来说，曲线利差交易风险更小。决定 IRS 曲线利差走势的主要因素和影响 IRS 曲线波动大小的因素相同。IRS 曲线短端主要受货币政策和资金面的影响，长端主要受经济增长、通货膨胀两大主要因素的影响。曲线利差走势和曲线波动大小有一定的相关性。更形象地说，曲线斜率变化和上下移动存在一定的相关性。

3. 债券和互换组合套利

债券和互换组合套利是目前套利策略中最常见的一种。这种套利并不是做多和做空某个债券，而是做多或做空互换与债券之间的利差。一般情况下，利率互换走势应与相应期限的无风险债券走势基本一致。债券和互换组合套利正是基于 IRS 和现券波动基本一致的原理操作的。当利差出现异常值，我们预期它终将回归正常时，就可以进行相应方向的利差操作。

做多利差(利差=互换利率-债券到期收益率)是指套利交易者预期互换与债券的利差会扩大，从而作为互换的买方(Bid)收浮动利率付固定利率，同时通过在回购市场进行正回购借入资金买入相同期限的债券，等到利差扩大再进行平仓的交易。

做空利差则刚好相反，是指套利者一开始作为互换的卖方收固定利率付浮动利率，同时通过在回购市场进行逆回购借入具有相同期限的债券并卖出做空，等到利差缩小再进行平仓的交易方式。

组合套利时买卖的债券可以是无风险债券，在我国债券市场上主要包括国债、央票、金融债，也可以是信用债。买卖信用债其实是假定信用利差在套利期间保持不变，所以如果以信用债为套利标的，则须承担信用风险。在下面的探讨中，我们均以无风险债券为例。

债券与互换组合套利策略具体操作模式见图 4-6。

做多利差：

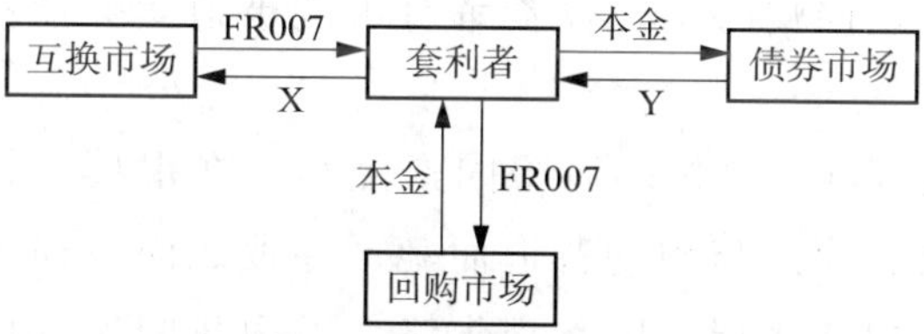

图 4-6　回购债券与做多互换套利组合

首先，正回购融入本金，然后买入一只国债，从而做多国债；其次，买入互换，收取浮动利率，支付固定利率。最终收支情况如下：

收：国债到期收益率-互换固定利率=负互换利差

支：回购利率-互换浮动利率(如 FR007 或 1 年定期存款利率)

可以看到，当互换浮动利率与回购利率基本一致时，我们的收益取决于国债到期收益率与互换固定利率之差，当两者利差扩大时，我们可以平仓获取收益。

做空债券与做空互换套利组合见图 4-7。

做空利差：

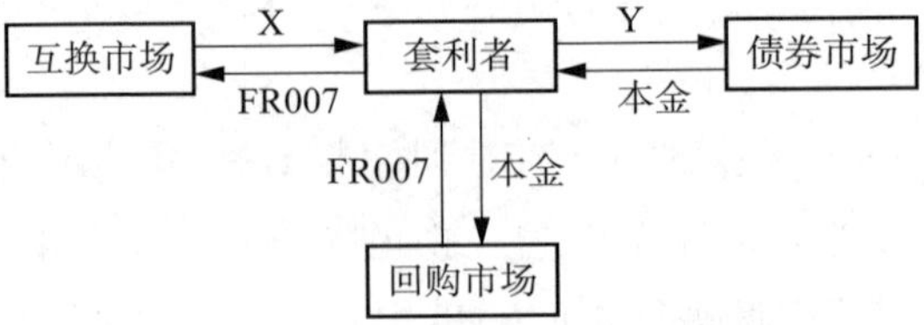

图 4-7　做空债券与做空互换套利组合

首先，逆回购一只国债，然后将其卖出，从而做空国债；其次，卖出互换，收取固定利率，支付浮动利率。最终收支情况如下：

收：互换固定利率-国债到期收益率=互换利差

支：互换浮动利率(如 FR007 或 1 年定期存款利率)-回购利率

可以看到，当互换浮动利率与回购利率一致时，我们的收益取决于互换固定利率与国债到期收益率之差，当两者利差扩大时，我们可以平仓获取收益。

需要指出的是，互换套利并非获得无风险收益，任何套利交易在获得超额收益的同时，也引入了各类风险因素。如当货币市场资金紧张时，如果不能顺利进行正回购融资，投资者有可能被迫卖掉债券，从而使套利失败。

此外，还会存在一些极端风险因素使利差在很长一段时间内都不朝预期的方向发展，而是与预期背道而驰，导致账面亏损越来越大，从而使套利者不得不提前止损，以亏损告终。下面我们来看长期资本管理公司(Long-term Capital Management，LTCM)进行套利导致巨额亏损的例子。

1994 年 2 月，梅里韦瑟(John Meriwether)创办了宏观数量化基金——LTCM。当时的核心人物包括美联储前副局长莫林斯(David W. Mullins)和被誉为衍生工具之父的诺贝尔经济学奖得主斯科尔斯(Myron Scholes)、莫顿(Merton Miller)。炒手、学者和官员的绝妙组合，使 LTCM 创造了神话般的业绩。LTCM 不负众望，取得了骄人业绩，年均投资回报率高达 40%，将投资人的资金翻了 3 倍。这一系列纪录以及合伙人的声望都使投资人对 LTCM 情有独钟，LTCM 成为华尔街的宠儿。

由于资产管理人的品牌效应，LTCM 获得各家银行机构给予最高等级的贷款优惠，并向银行贷款借入了 1000 亿美元，买进卖出各种证券和股票市值高达 1.25 万亿美元，净资产价值约 48 亿美元，杠杆比率达 250 倍，在国际金融市场上创下了最高纪录。

1998 年初，英、美资本市场利率互换与相似到期期限国债的利差（Swap Spread）逐步走高，经过模型计算，LTCM 的交易员相信互换利率交易利差会逐渐回归至正常水平。因此，他们在 1998 年 5 月的时候动用大量资金做空利率互换利差，LTCM 持有的利率互换头寸总值超过 7000 亿美元。在高杠杆的背景下，利率差距稍微缩小，就会给 LTCM 带来巨额的利润。同样，利率差距稍微加大，也会让 LTCM 立即破产。LTCM 在美国市场上进行的做空利率互换利差的交易模式见图 4-8。

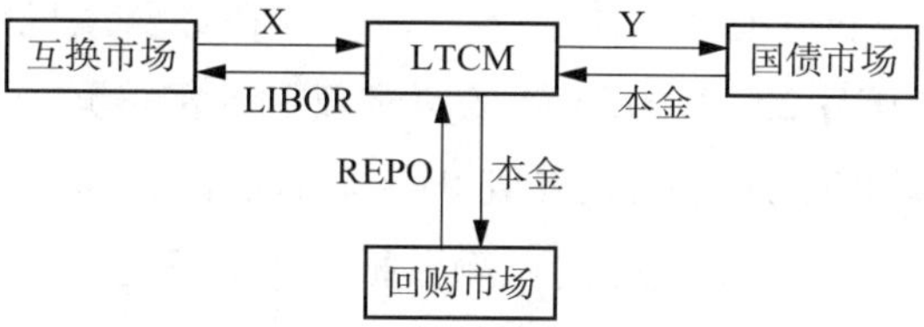

图 4-8 LTCM 做空利差进行套利的模式

美国市场的 REPO（回购）利率一般是 LIBOR 的 0.8 倍，因此，在浮动端 LTCM 始终处于亏损状态时，“X-Y”的收窄只有覆盖住这部分亏损才能产生盈利。然而，LTCM 基于模型算出的套利机会并没有预料到“黑天鹅”的出现，“X-Y”不仅没有如期收窄，反而出乎意料地迅速扩大。

1998 年 8 月 17 日，俄罗斯宣布卢布采用大区间浮动汇率（1 美元兑换 6.0~9.0 卢布），直接导致卢布剧烈贬值，叶利钦政府宣布无限期延缓债务清还，引发信用风险，使得发展中国家的债券无人问津，收益率急速上升。事件发生后，资产纷纷逃向安全性高的德国、美国债券市场，导致德国、美国国债收益率急剧下降。在这个过程中，利率互换利差却逐步走高，主要有以下三方面的原因：

第一，市场预期美国国债收益率下降不会持续太长时间，而 LTCM 持有的 IRS 头寸的固定利率反映的是未来中长期利率的加权平均，其下降幅度不及国债利率。

第二，IRS 流动性没有国债那么强，存在部分流动性溢价。

第三，在利率互换利差扩大初期，市场中其他仿效 LTCM 操作的机构投资者由于账面上出现亏损，选择了结束套利。虽然按照套利原理，即使价差逐步扩大，将套利头寸持有至到期，一样会获得盈利，然而很多投资者出于各种考虑选择了结束套利，这使得利差进一步扩大。LTCM 由于利差的快速扩大，投资损失呈几何级数增加。

LTCM 在其他市场的投资也接连失手，蒙受重大损失。到 8 月底，LTCM 的资本降到了 23 亿美元，失去了年初时超过半数的股权资本。1998 年 8 月，LTCM 的基金共损失 44%，其中，82%是做利差套利造成的。

随着损失的不断增加，LTCM 越来越难以满足保证金要求，需要更多抵押品来确保它能够偿还所有债务，但它缺少高价值的资产用于抵押。不仅如此，LTCM 还陷入了难于清算资产的困难境地。它的大部分资产在市场正常时期尚且缺乏流通性，难于出售，何况在经营困境时，只能压低价格出售。1998 年 9 月 22 日，LTCM 的资本仅剩 6 亿美元。

LTCM 从 5 月俄罗斯金融风暴到 9 月全面崩溃，短短的 5 个月资产净值下降 90%，出现了 43 亿美元的巨额亏损，仅余 5 亿美元，已走到破产边缘。9 月 23 日，美联储出面组织安排，以美林、摩根为首的 15 家国际性金融机构注资 37.25 亿美元购买了 LTCM 90%的股权，共同接管了该公司，从而使其避免了倒闭的厄运。

虽说进行利率互换与债券组合的套利交易相对于投机交易风险较小，但风险控制也不容忽视，各种极端风险因素均需要考虑。

(二)利用互换进行套利

金融互换最主要的运用就是根据比较优势理论进行套利。互换双方可以进行套利的条件：①交易双方对对方的资产或负债均有需求；②互换双方在两种资产或负债上存在比较优势。

下面就是分别运用利率互换和货币互换在信用差价上进行套利的典型例子。

【例 4-3】 一个信用等级为 AAA 的 A 公司可以按 6 个月 LIBOR+

0. 2%的浮动利率水平或 8%的固定利率水平借入一笔为期 3 年的 100 万美元的资金，该公司希望以浮动利率借入该笔资金。另外有一家信用等级为 A 的 B 公司，希望以固定利率借入一笔 100 万美元的资金，它可以以 6 个月期 LIBOR+0. 8%或 9. 5%的固定利率水平借入该笔资金。A、B 公司的借款成本见表 4-4。

表 4-4　A 公司和 B 公司的借款成本

	固定利率	浮动利率
A 公司	8%	6 个月期 LIBOR+0. 2%
B 公司	9. 5%	6 个月期 LIBOR+0. 8%

从表 4-4 可以看出，两个固定利率的差值大于浮动利率的差值。在固定利率市场上，B 公司要比 A 公司多支付 1. 5%，但在浮动利率市场上，B 公司只比 A 公司多支付 0. 6%。因此，B 公司在浮动利率市场上具有比较优势，而 A 公司在固定利率市场上具有比较优势。于是，两家公司各自在具有比较优势的市场上借入资金，即 A 公司和 B 公司分别以固定利率 8%和 6 个月期 LIBOR+0. 8%的浮动利率借入 100 万美元，然后通过签订一份利率互换协议，将 A 公司的固定利率负债转换为浮动利率负债，相应地，B 公司的浮动利率负债转换为固定利率负债，见图 4-9。

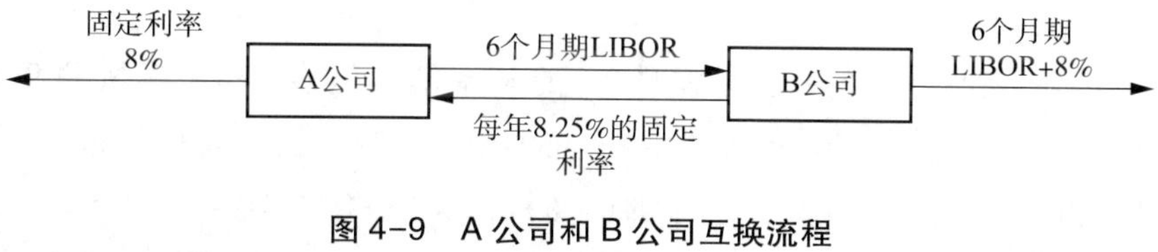

图 4-9　A 公司和 B 公司互换流程

于是，A 公司具有三项现金流，这三项现金流的净值为支付 6 个月期 LIBOR-0. 25%，相当于 A 公司以 6 个月期 LIBOR-0. 25%的年利率水平借入该笔资金，与在浮动利率市场上直接以 6 个月期 LIBOR+0. 2%借入资金相比，减少了 0. 45%的利息支出。

对于 B 公司，它的净现金流为支付 9. 05%的固定利息，与直接在固定利率市场上借入资金的 9. 5%相比，它也减少了 0. 45%的利息支出。因此，双方都可以通过互换获利。

【例 4-4】 比较优势理论也可以用于说明货币互换的情况。由于 A 公司的信用等级高于 B 公司，两国金融市场对 A、B 公司的熟悉程度不同，因此市场向它们提供的固定利率也不同(见表 4-5)。

表 4-5 A 公司和 B 公司的借款成本

	美元固定利率	英镑固定利率
A 公司	8%	9%
B 公司	9.5%	10%

从表 4-5 中可以看出，A 公司的借款利率比 B 公司低，即 A 公司在两个市场都有绝对优势，但绝对优势大小不同。A 公司在美元市场的绝对优势是 1.5%，在英镑市场的绝对优势只有 1%。也就是说，A 公司在美元资金市场上具有比较优势，而 B 公司在英镑资金市场上具有比较优势。假设 A 公司需要一笔英镑资金，而 B 公司需要一笔美元资金，它们可以先在各自具有比较优势的资金市场上借入资金，然后签订一份货币互换协议，见图 4-10。

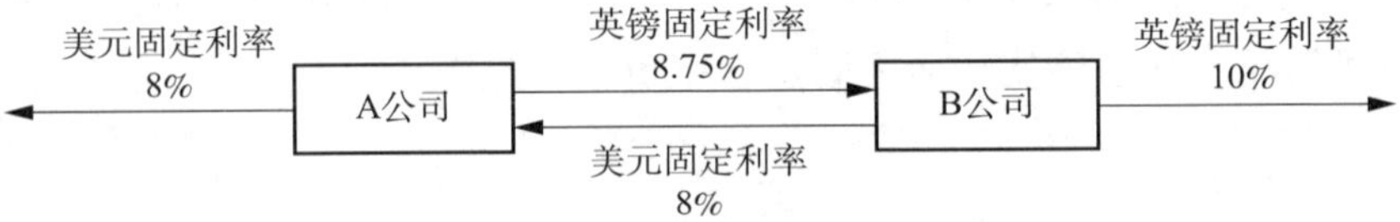

图 4-10 B 公司承担汇率风险的安排

相较于互换之前，A 公司按照 9%的利率借入英镑，B 公司按照 9.5%的利率借入美元；A、B 公司利用各自的比较优势借款，通过互换得到自己想要的资金，通过分享 0.5%[即(9%+9.5%)-(8%+10%)=0.5%]的互换收益降低筹资成本。于是，A 公司以 8%的利率借入美元借款，B 公司以 10%的利率借入英镑借款。然后，双方先进行本金的交换，即 A 公司向 B 公司支付一笔美元，B 公司向 A 公司支付一笔英镑。这样，双方就可根据借款成本与实际筹资成本的差异计算各自对对方支付的现金流，进行利息互换，即 A 公司向 B 公司支付 8.75%的英镑借款利息，B 公司向 A 公司支付 8%的美元借款利息。经过互换，A 公司的最终筹资成本降为 8.75%(9%-0.25%)的英镑借款利息，而 B 公司的最终筹资成本为 8%的美元借款利息加 1. 25%的英镑借款利息。在贷款期满后，双方要再次进行借款本金的互换。

在上述互换安排中，B 公司承担了全部的汇率风险。若汇率水平不变，B 公司最终筹资成本相当于 9. 25%的美元借款利息。但如果未来汇率水平发生变动，B 公司不愿意承担全部汇率风险，双方就需要对当前的互换安排进行适当的调整。方案一：由 A 公司承担全部汇率风险，则经过互换后，A 公司需向 B 公司支付 10%的英镑借款利息，而 B 公司需向 A 公司支付 9. 25%的美元借款利息（见图 4-11）。方案二：A、B 两家公司分别承担一部分汇率风险。如果汇率变动导致实际承担的筹资成本增加了 1. 25%，A、B 公司均摊增加的风险成本，则经过互换后，A 公司向 B 公司支付 9. 375%的英镑借款利息，B 公司向 A 公司支付 8. 625%的美元借款利息（见图 4-12）。

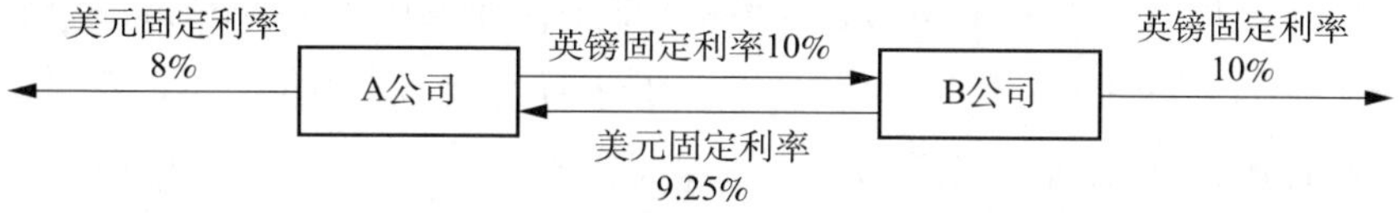

图 4-11　A 公司承担汇率风险的安排

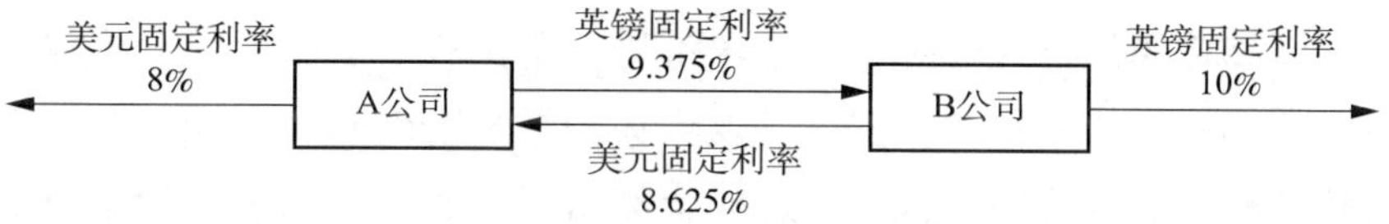

图 4-12　A 公司和 B 公司均摊汇率风险的安排

第五章　场外期权

第一节　场外期权概述

一、场外期权的概念

场外期权(Over the Counter Options)是指在非集中性的交易场所进行的非标准化的金融期权合约的交易，一般分为欧式场外期权、美式场外期权、亚式场外期权和它们的组合——奇异期权。

(一)场外期权是一种保险

场外期权是一种买方对标的以执行价卖出或买入的选择权，它赋予买方以原有确定的价格获得对标的市场价格保险的权利。当标的价格发生与买方愿望不一致的变化时，它可以以购买的期权合约获得赔偿。赔偿金额为市场价格与执行价格的差额，这一金额由卖方支出。当市场价格不低于执行价格(看涨期权)或市场价格不高于执行价格(看跌期权)时，买方就会获得卖方赔偿；反之，买方会亏损掉权利金，从而实现对标的市场价值的保护。其特点是以有限成本保证标的可以获取未来某一确定数量到无限收益的可能。因此，场外期权更像一种保险，而不像期货套期保值那样只能锁定利润、获取有限收益。

买入看跌期权保险的损益特征如下：①价格下跌时，期权获利弥补现货损失，锁定价格风险；②价格上涨时，放弃行权，现货获得价格上升收益，总收益增加。

(二)场外期权是一种投资

场外期权的另一功能是使企业作为期权合约卖方获得无风险投资收

益，其基本机制是期权合约卖方出售期权，获得相应的收入。这是因为，卖方判断未来标的价格不可能上涨，会卖出相应执行价的期权合约。当判断准确，买方没有执行合约时，卖方可以无偿获得全部权利金；如果买方权利金大于保险金额，买方也可以执行期权，获得部分权利金。无论如何，卖方都会获得无风险投资收益机会。其获利原理是，卖方扮演的是出售保险服务的发行者角色，标的价格上涨的可能性极低。卖方可以通过发行不同合约获利。这种期权投资策略称为卖出备兑期权（Covered Writing）策略，即卖出某种期权并持有该期权对应标的物头寸，以备被动行权时交割之用。其交易动机是，预期所卖出期权不会被行权，以增加收入。卖出备兑期权策略分为两种：①期货和现货多头未来可以卖出，则卖出看跌期权；②期货和现货空头未来可以买入，则卖出看跌期权。

下面，我们举例说明卖出备兑期权。

某企业库存大量 PTA，该企业预期近期 PTA 价格不会大幅上涨，因此卖出不同行权价格的 PTA 看涨期权，以增加潜在收益。此时，PTA 605 价格为 5200 元/吨（见图 5-1）。

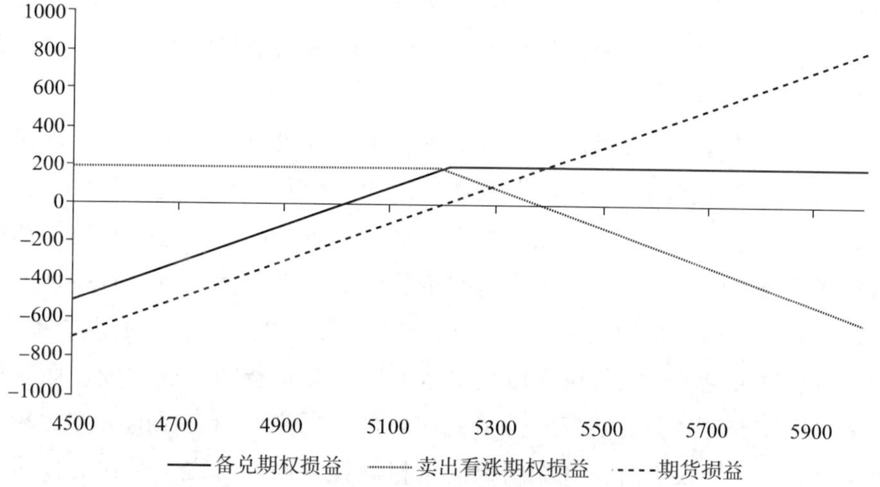

图 5-1　企业卖出备兑期权损益

卖出备兑期权，在一定程度上可以增加收益，但是有可能因为被动行权导致失去期权标的物头寸。其潜在收益是：通过卖出期权获得权利金，增加收入。如果没有被动行权，也不会改变期权标的物头寸（没有行权原因：行权价远离现价，虚值期权价值随时间临近交割而衰减）。其风险是：如果价格朝不利方向变动，卖出期权会产生损失，卖方不得不高价买入期权平仓或被动行权，从而导致现金损失或失去期权标的物头寸。

二、场外期权的特点

场外期权具有以下七个特点：

第一，现货经营者需要防止价格突发性下降带来的损失，同时也有获得价格上涨收益的需要。企业经营害怕产品价格突发性下降，造成企业亏损。这种价格下降是企业不希望看到的，因此企业会尽力避免产品价格下降带来的利润减少，在没有场外期权工具时，企业采用期货套期保值来规避风险。这种避险方式虽然规避了产品价格下降的市场风险，但也损失了产品价格上升获利的可能。场外期权不仅能对企业的经营进行简单避险，而且能获得某一确定数量到潜在的无限收益的可能，可以说是一种更好的对企业生产的产品市场价格保险的工具。因此在国外，场外期权是一种深受生产者喜欢的衍生品工具。这一需求也决定了期权价格受市场供求关系影响。当套保的经营者比较多而看跌期权卖方比较少时，看跌期权的价格就会比较高；反之，当套保的经营者比较少而看跌期权卖方比较多时，看跌期权的价格就会比较低。

第二，经营者在金融产品上需要进行无风险投资。企业可以在价格处于高位时卖出看涨期权以获取期权无风险投资收益，其实现机制如下：当现货价格不可能再上涨或上涨的概率极低时，企业可以通过持有现货和卖出看涨期权尽可能获得期权无风险投资收益。如果现货价格没有按预期下跌，持有现货只需要做一个期权套利交易，就可以保证不发生投资损失。这一需求也决定了期权价格受市场供求影响。当投资的企业比较多而套保的买方比较少时，看涨期权的价格就比较低；反之，当套保的买方比较多而投资的企业比较少时，看涨期权的价格就比较高。总之，期权的投机者和套利者就是在判断上述期权市场供求关系的基础上参与到市场交易中的。

第三，保证场外期权市场高效率。场外期权市场的效率高低取决于其服务实体经济的能力。期权合约以期货合约为标的，而期货合约以现货品种为标的，期货价格能否代表现货价格是决定期权市场效率高低的首要因素。期货价格与现货价格相关性的高低和引导关系的强弱是衡量期货价格能否代表现货价格的关键指标。产品期货价格反映现货功能强，从而为场外期权市场高效运行打下基础，有利于场外期权市场在帮助企业套期保值的效率上发挥作用，有利于保证场外期权市场实现企业希望的各项功能。

第四，农户参与期权市场能够获得政府的资金支持和补贴。美国在期权上市后进行了四次试点，利用政府资金支持和补贴帮助现货经营者参与期权市场，即 1982 年场内非农产品期权交易试点项目、1984 年场内农产品期权交易试点项目、1993 年场内政府补贴期权交易试点项目和 1997 年场外农产品贸易期权交易试点项目。从 1993 年粮食生产年度开始，选择伊利诺伊州、印第安纳州、堪萨斯州等地的 21 个县的玉米、大豆和早籼稻生产者自行选购相当于保护价格水平的看跌期权，由政府代为支付购买期权合约的权利金和交易手续费。通过试点推动，美国农民在一定程度上增加了收入，提高了在市场环境中的竞争和生存能力；同时，政府也大大减少了以保护价格收购农产品的储备成本，即用期权操作替代了政府的农业支持政策。此后，墨西哥和加拿大都在期权产品上市与相关项目推动后解决了农民增收这一难题。总之，美国利用政府资金支持和补贴帮助现货经营者参与期权市场，不仅降低了政府支出，提高了资本的利用率，而且加快了产业发展的进程。这点值得我国政府在发展经济方面予以充分考虑和借鉴。

第五，场外期权的期货标的要尽可能覆盖现货市场主流品级的现货。场外期权的期货标的要尽可能覆盖现货市场主流品级的现货，这有助于期货基准价格反映市场现货价格，便于现货市场客户对接期权，并且期货标的要随着市场现货变化而变化，保证期权市场能够发挥最大作用。

第六，经营者要及时准确把握市场行情。场外期权权利金的投入完全可以计算，企业可以在对市场行情进行判断的基础上，预先选择权利金低的时候买入看跌期权来对冲经营风险。场外期权权利金变动受到许多因素的影响，主要受市场供求关系的影响。一般来说，当产品价格与价值相等时，企业对产品经营的保险支出即权利金最低。当然，在实际操作中，企业最好在期货公司指导下进行投资。

第七，对场外期权权利金的过分投机和操纵市场行为要进行打击。场外期权权利金的突发性下降或上涨都会使企业面临风险。那么，该如何避免风险的发生？一方面，企业要及早判断好行情，及早买入所需期权。另一方面，监管层要进行风险控制，采取涨跌停板和持仓限制等措施。监管层要严格控制对权利金的投机，防止投机客户盲目炒作扰乱期权市场秩序，增加套保者的负担，同时要求投资者理性投资。

三、场外期权的发展历史

按照交易场所划分，期权可以分为场外期权和交易所期权。场外期权是指那些并没有在交易所挂牌上市的期权。与交易所期权相比，场外期权在合约条款方面更加灵活，可以根据投资者的个性化需求进行量身定制，包括行权时间、行权条件、执行价格等。由于场外期权是一对一交易，在整个交易过程中只涉及买方、卖方和经纪人，市场透明度较低。

期权起源很早，有文字记载的期权可以追溯到《圣经》记载的故事。期权的演进是一个缓慢的过程，投资活动的兴起促进了期权的发展。早期的期权都是在场外进行交易的。美国 19 世纪就出现了期权，但是期权在美国的发展并非一帆风顺。在 19 世纪后期，美国农产品期货的期权曾因为特惠权的市场炒作、不规范运作和欺诈等行为被立法禁止交易。20 世纪 20 年代股市崩盘后，许多投资者指责期权交易使他们的损失加剧。1930 年，美国国会也曾讨论禁止股票期权交易。1973 年，世界第一个正式的期权交易所芝加哥期权交易所(CBOE)成立。CBOE 成立初期，期权交易量相当小，但在之后的几年里，一场关于期权概念和交易的革命悄悄地、缓慢地发生了。自 20 世纪 80 年代初起，场外期权市场迅速发展，而且地位变得十分重要。2002 年以后，场外市场交易规模迅速增长，并且涌现了更多的奇异期权(Exotic Options)，使得场外期权种类更加丰富。2007 年金融危机之后，期权交易规模有所下降，2011 年后有过短暂的回升，但是整体来说比较稳定。场外市场的交易者遍及大公司、金融机构、基金和私人银行，他们通过电话在场外市场进行交易，外汇及利率期权十分流行。

由于起步较晚，国内场外期权市场的规模相对较小，但发展迅速，市场需求较大，未来仍有较大发展空间。2013 年，国内开始推出场外期权，允许具有相关资质的机构参与场外期权的交易，国内的商业银行以及具有资质的大型基金公司成为首批场外期权交易的买方。2017 年，多种第三方交易渠道的成立，使场外期权业务迅速提升。个人可以通过资管通道和私募基金通道参与场外期权的交易。2018 年，资管新规频频出台，限制了新增资管计划对接场外期权交易的可行性。各券商和私募机构收到监管部门的窗口指导，标志着场外期权市场走向规范化发展。2020 年至今，监管体系基本成型，场外期权业务进入高速发展阶段(见图 5-2)。

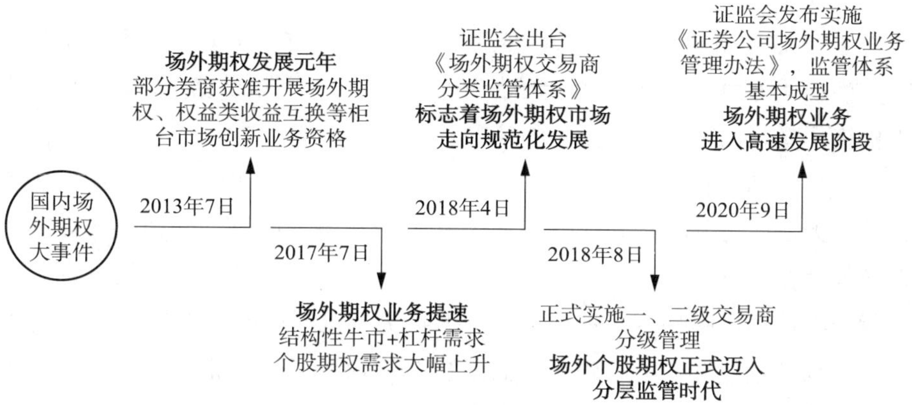

图 5-2　国内场外期权大事件

四、场外期权的风险分析

场外期权作为一种重要的金融衍生产品，其产生的主要原因是为了规避金融风险。但在发展过程中，场外期权本身也存在许多风险，因此加强风险管理、防止风险变成实际的损失贯穿于场外期权业务的整个过程。从风险产生的原因来看，场外期权风险主要来自以下几方面：第一，经济因素，主要是经济周期、利率和汇率变动等；第二，政治因素，如一国政治体制的变化造成金融市场价格的大幅波动；第三，运作因素，如场外市场过度投机、内部控制机制不健全等；第四，其他因素，如自然因素、社会因素等。从风险表现形式来看，场外期权的主要参与者(包括中介机构和最终用户)所面临的风险有所不同。对中介机构而言，它们首先面临的风险是信用风险。一旦中介机构是一个做市商，当其持有不对应的头寸时，还要面临市场风险。因此，信用风险和市场风险是场外期权中介机构面临的主要风险。此外，中介机构还会面临政治风险、法律风险、结算风险等。对最终用户而言，在有中介机构参与的场外期权交易中，如果另一最终用户违约，这个最终用户与中介机构的合约仍有效。因此，作为最终用户，可以忽略信用风险，将市场风险作为需要监测和管理的主要风险。

在场外期权中，最常见的风险类型是价格风险和交易对手方风险。场外期权主要是一对一的交易，透明度低，流动性差，存在信息不对称的问题，所以价格发现能力弱，成交效率低。此外，场外期权的定价比较复杂，需考虑对冲交易成本和资金占用成本等因素的综合影响。以上种种，使得场外 期权价格波动更大且更随机，期权的买方和卖方都会面临价格风险。期权空方由于价格走高，面临失去获得更高回报的风险。期权多方由于价格下降，面临现金流损失的风险。

与场外期权相关的另一个主要风险是交易对手方风险，即交易对手方违约，无法履行其在场外期权协议条款下的义务。如果场外期权卖方不能在场外期权协议下履行合同，当资产或商品价格发生变化时，场外期权买方就会有信用风险暴露。这也是场外期权买方试图规避的风险。

在场外期权交易中，当交易商承担客户风险时，通常会用一个相反方向的交易对冲该风险。比如，一个交易商与一个支付固定价格的客户达成场外期权交易：支付一个浮动价格给客户。交易商能通过与另一个客户或交易商达成一个相反方向的场外期权交易而对该风险进行套期保值；他也可以建立一个与该场外期权方向相反的价格风险暴露的资产或商品持仓；他还可以买入一个方向相反的期货持仓。对于整个组合，有些风险在不同时期可能不能被覆盖掉，然而这类风险会被交易商严格监管和控制。

作为目前应用最普遍的衍生金融工具之一，场外期权在市场经济的大背景下，必将发挥越来越重要的作用。当然，场外期权也是一把“双刃剑”，它作为衍生金融工具有杠杆效应，在放大收益的同时，也放大了风险。因此，企业在从事场外期权交易时，要加强风险防范。对场外期权的风险管理策略主要如下：一是全程进行场外期权合同的估值。场外期权合同的估值发生在场外期权合约签订之后，是对已经持有的头寸的价值及其变化进行计算，目的是监测可能的盈亏和进行风险管理。只有对场外期权合约进行准确的估值，并在执行过程中根据市场的变化不断调整自己的预期，才能有针对性地防止风险的扩大，最大限度地降低风险。二是对不同风险采取不同的策略。一般而言，防范信用风险的措施是选择那些不论市场价格发生怎样的变化，均能如期履约的公司作为交易对手；防范市场风险要求能准确地预测未来市场价格的走势，或通过再签订一份与原协议方向相反的场外期权协议来防止市场风险损失的进一步扩大，或用转让或者出售原有场外期权协议的方式来降低市场风险损失等。

第二节　场外期权套期保值

一、场外期权套期保值的概念和类型

（一）场外期权套期保值的概念

场外期权套期保值（OTC Options Hedging）是指企业为规避资产或商品价格风险使用一项或一项以上场外期权工具，使场外期权工具的公允价值或现金流量变动预期抵消被套保项目全部或部分公允价值或现金流量变动风险的一种交易活动。通过资产或商品衍生品套期保值，可以在市场价格波动中保障收益或锁定成本，规避价格波动的风险。使用场外期权合同的动机有两个：商业更便利（套保和投机）和权利金更低。一些公司的正常业务操作导致了某些类型的价格风险，场外期权可以规避这种风险。

（二）场外期权套期保值的产品类型

场外期权套期保值产品较丰富。目前，国际上交易频繁的场外期权种类主要有利率期权、外汇期权、场外股权类期权和场外商品期权等。

1. 利率期权

利率期权是指标的资产为利率工具——利率或者与利率挂钩的产品（如国债、存单等）的期权产品。利率期权的买方在支付一定的期权费用后，取得了在约定的时期内或到期时以一定的利率（价格）买入或卖出一定面额的利率工具的权利。利率期权能够使投资者在利率水平向有利方向变化时获得收益，向不利方向变化时得到保护。

利率期权的形式复杂多样，可分为三大类：第一，普通期权，如利率保证期权（借方期权和贷方期权）、利率上限期权、利率下限期权、利率双限期权及利率互换期权。第二，奇异期权，如平均值期权、障碍期权、阶梯期权、彩虹期权等。第三，内含期权的结构化产品，如抵押贷款支持证券、可赎回债券等。

利率期权不仅具有价格发现、投资获利和风险转移的功能，还有其更加独特的作用。首先，能够从利率波动中获利。如果投资者预判利率将出现大幅变动，则可以通过买入一个看涨期权和一个具有相同到期日和行权价的看跌期权，只要利率变动幅度足够大，投资者便可获利。其次，通过利率期权能够实现对债务的套期保值，降低融资成本。通常银行获得收益的条件是吸收存款所支付的浮动利率小于其发放贷款所获得的固定利率，否则将遭受损失，此时银行便可通过购买利率上限期权来规避利率上涨带来的风险。最后，利率期权能够有效地对资产进行套期保值。投资浮动利率债券的金融机构，在利率下行过程中将面临投资收益减少的风险，此时金融机构可通过购买利率下限期权来锁定投资收益，实现资产的保值。

2. 外汇期权

外汇期权是指期权的买方在支付一定金额的期权费用后，取得在约定时期内或到期时按照约定的汇率(执行价格)买进或卖出一定数量外汇资产的权利。1982 年，美国费城股票交易所成交了第一笔外汇期权合约。自此，随着金融期权市场的迅速发展，外汇期权逐渐成为优于远期外汇与外汇期货的规避汇率风险的主要工具。

3. 场外股权类期权

场外股权类期权是指标的资产为股票价格、一揽子股票(股票组合)价格或者股票价格指数，并在场外交易的期权。按照标的资产，可以将场外股权类期权分为三类，即单一股票期权、股票组合期权和股票指数期权。场外股权类期权被用于避险、套利、提高组合收益率、资产配置、结构化产品设计等方面。

4. 场外商品期权

场外商品期权是指标的资产为商品、商品价格指数或者相关指数等，并在场外交易的期权。常见的标的商品包括农产品、贵金属和基础金属、原油和其他石油产品、天然气、电力、海运费和天气等。

我国场外商品期权尚处于尝试与摸索阶段，已开展场外商品期权的公司多以农产品为主。其中，永安期货已经在浙江的棉企聚集区、河南的棉花产区及长沙部分谷物产区布局场外期权业务，白糖及其他品种的场外期权业务正在酝酿中。面对百年未有之大变局，快速变化的经营环境正集聚更大的风险，一些产业、企业对场外期权的需求较为迫切。我国场外期权业务具有非常好的发展前景。

二、我国场外期权套期保值的业务模式

(一)权益互换模式

国内最早的场外期权业务模式是通过权益互换模式内嵌期权实现的。权益互换是投资者与证券公司在柜台订立的，约定双方在未来特定期限内针对特定的股票、指数、基金等证券收益与固定利率进行现金流交换，是一种灵活定制的投资工具，可以满足投资者证券投资、组合管理、风险管理、股权盘活等多种需求。从投资者的角度来说，权益类互换交易分为两大类：一类是投资者将固定收益交换为与标的物表现挂钩的浮动收益，一类是投资者将标的收益交换为固定收益。一旦市场价格高于执行价格，买方就会选择执行，这样可以享受到以较低价格进行权益互换的好处。例如，某保险理财产品重仓中国平安，但调整仓位卖出的冲击成本及市场影响使得基金经理无法卖出，并且他长期看好该股票。该经理希望在股价的调整期也能保证10%-15%的相对收益。该理财产品的中国平安平均成本为36元，基金经理购买有效期为一年的收益互换合约，初始协议价格为40元，固定利率1%。期末，该保险向华泰证券支付中国平安当期收益，换取固定收益(见图5-3)。

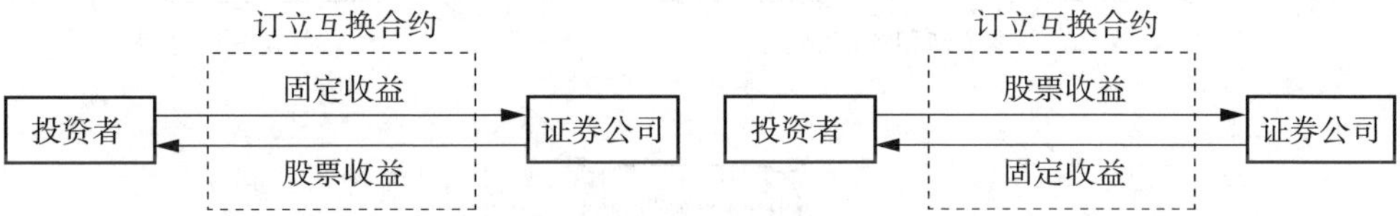

(a)固定收益交换股票收益　　(b)股票收益交换固定收益

图5-3　收益互换

权益互换模式一方面可以根据不同的客户需求，为客户量身定制个性化的产品；另一方面将风险和收益同时进行了交换，将风险转嫁给对方，也为客户提供了一种创新型的风险管理工具。

(二)收益凭证模式

目前，国内的场外期权业务模式还可以通过收益凭证模式内嵌期权来实现。证券公司开展收益凭证业务主要采用以下两种模式：一是通过发行

收益凭证，同时购买长期风险资产，获取流动性溢价和风险溢价的补偿，有效降低公司资金成本（见图 5-4）。二是通过发行挂钩特定标的收益凭证，同时在二级市场进行动态对冲或背对背与其他金融机构签署场外衍生品协议，获取衍生品批发和零售价格间的资本中介业务收入。类似于目前银行的私人银行部面向客户发行的结构化浮动收益产品，银行与证券公司等专业金融机构做场外衍生品交易，赚取中间差价。证券公司通过收益凭证实现银行的这类业务，既服务了自己的客户，又可利用场外产品工具赚取中间差价（见图 5-5）。

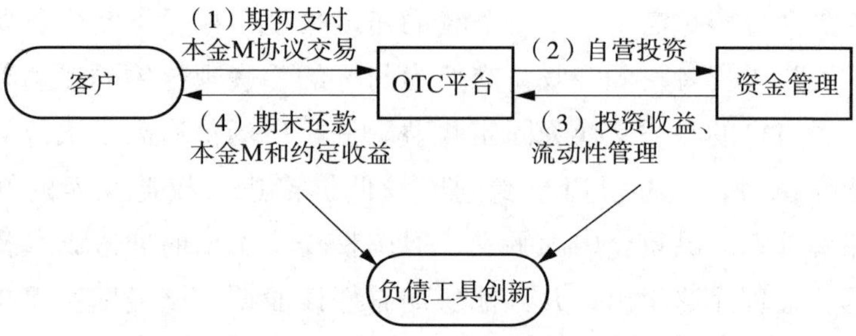

图 5-4 收益凭证模式之一

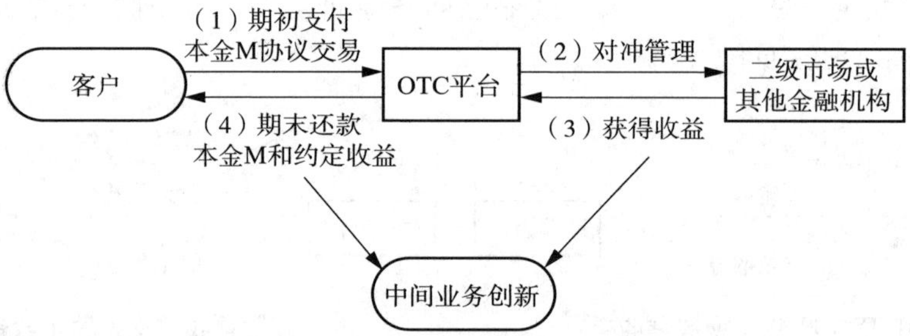

图 5-5 收益凭证模式之二

上述收益凭证模式中的第二种模式会挂钩特定标的，实际是内嵌了期权结构，因此也是国内场外期权的载体之一。

（三）场外期权柜台交易模式

2012 年，中国证券业协会发布了《证券公司柜台交易业务规范》。该规范明确将“经国家有关部门或其授权机构批准、备案或认可的在集中交易场所之外发行或销售的金融衍生品”纳入证券公司柜台交易的产品范畴，并对证券公司从事金融衍生品柜台交易的法律文件、风险揭示、信息披露等做出了规定。场外期权柜台交易业务是指一种限定在证券公司与特定交易对手方之间进行的非集中性、非标准化的衍生品交易。交易对手方作为场外期权的买方，其收益取决于标的资产价格在未来某一约定时间的变化情况。场外期权具有可定制的特点，能有效满足交易对手方的投资与风险控制需求。期权按照行权方向可以分为看涨期权和看跌期权两种。看涨期权的买方(看涨期权多头)可以在协议中约定的行权期行权，即按协议中约定的价格向期权的卖方(看涨期权空头)购买约定数量的标的资产或进行相应的现金结算；看跌期权的买方(看跌期权多头)可以在协议中约定的行权期行权，即按协议中约定的价格向期权的卖方(看跌期权空头)出售约定数量的标的资产或进行相应的现金结算。在场外期权业务的实施过程中，证券公司并不是与交易对手方对赌收益，而是广泛应用对冲手段控制风险敞口，获取合理的波动率差额收益与佣金收入，业务整体只承担较低风险，属于资本中介型业务。

三、场外期权套期保值的交易策略

(一)场外期权套利保值策略的概念及分类

场外期权套期保值的策略是指利用场外期权头寸为现货市场的多头或空头头寸进行保值，保值者在现货市场卖出或买入某一笔资产或商品的基础上，在场外期权市场上做一笔资产数量相当、期限相同但可以最大限度与现货交易相反盈亏额的交易，以期保值。

对场外期权来说，由于场外期权的交易双方在行权履约后要转换为相对应的标的资产的头寸，所以对多头和空头的判断不能看其为场外期权合约的买方还是卖方。

例如，在期货场外期权市场中，以下两类投资者被认为是多头：买入看涨场外期权者和卖出看跌场外期权者。因为他们到期行权后都会转换为相应期货的多头。与之相对应，另外两类投资者被认为是空头：卖出看涨场外期权者和买入看跌场外期权者。他们在到期行权后都会转换为相应期货的空头。与期货市场有所不同，场外期权市场的套期保值分为两类：①通过在场外期权市场建立多头头寸达到套期保值的目的，被称为买期保值；②通过在场外期权市场建立空头头寸达到套期保值的目的，被称为卖期保值。

最基本的场外期权套保策略有以下几种：

1. 买期保值

买入看涨场外期权。利用买入看涨场外期权做买期保值的投资者主要担心未来价格上涨，给未来的采购带来成本负担，故利用场外期权去建立虚拟库存，以降低未来采购压力。若未来市场价格符合预期，可以考虑交割拿货，以较低的价格买到标的物资产。如果未来价格下跌，就会损失小额的权利金，但是采购成本也比当下买入低。

卖出看跌场外期权。利用卖出看跌场外期权做买期保值同样是担心未来价格上涨。做买入看涨场外期权要付出权利金，而做卖出看跌场外期权则会收到权利金。如果价格上涨，收到的权利金可以弥补成本上涨的亏损。如果价格下跌，要及时平仓止损，虽然会亏部分权利金，但是成本的下跌还是会带来收益。

2. 卖期保值

买入看跌场外期权。利用买入看跌场外期权做卖期保值的投资者主要担心未来价格下跌，给产品或者库存带来风险，故利用场外期权降低库存或者锁定产品价格。若未来市场价格符合预期，那么可以考虑交割卖出标的物，以较高的价格卖掉资产；如果未来价格上涨，也仅损失了小额权利金，但是产品价格上涨同样会带来收益。

卖出看涨场外期权。利用卖出看涨场外期权做卖期保值同样是担心未来价格下跌。做买入看跌场外期权要付出权利金，而做卖出看涨场外期权则会收到权利金。如果价格下跌，收到的权利金可以弥补产品价格下跌的损失；如果价格上涨，要及时平仓止损，虽然会亏部分权利金，但是产品价格的上涨会带来收益。

（二）场外期权产品案例介绍

1. 与金融中介交易场外期权产品的案例

银行发行了一款挂钩 100 万股股票 A 表现的理财产品，产品内嵌了一个期限 1 年的欧式看涨期权。假设股票 A 期初价格为 18 元，行权价也是 18 元，参与率为 30%。银行为了对冲产品的发行风险，通过签订柜台场外期权协议从某证券公司买入相同条款的欧式看涨期权，即某证券公司持有了这份欧式看涨期权的空头，并约定到期末，如果股票 A 上涨 R(R>0)，则证券公司付给银行 100 万股股票 A 期初市值×30%×R 的收益；如果期末股票 A 没有上涨(R≤0)，则证券公司无须向银行支付收益。这相当于银行通过场外期权的形式向证券公司买入了一个挂钩股票 A 的欧式看涨期权，从而实现其对客户资产的保值增值功能。

假设某证券公司按 35%的年化波动率将这款期权卖给银行，可获得权利金收益 821567. 1 元。如果当前股票 A 的实际波动率为 30%，期末股价为 24. 68 元，达到行权条件。作为看涨期权空头的证券公司，会根据每日 Delta 值的变化，对冲所持有标的股票的价格波动。证券公司进行对冲的成本为 655497. 28 元，期权权利金收入为 821567. 10 元，则该场外期权业务赚取了 166069. 82 元，而银行期权期末行权收益为 1182432. 89 元(扣除权利金后)，双方实现了共赢。

2. 与私募机构客户交易场外期权产品的案例

假设当前股票 A 的股价为 18 元。一个持有 100 万股股票 A 的机构客户希望能够以溢价 15%的价格在 1 年后对股票 A 进行减持，同时希望获得一笔额外的现金收入。某证券公司通过签订互换协议从机构客户手上买入一个欧式看涨期权。经过测算，证券公司按 15%的年化波动率从机构客户手中买入期权，付出权利金成本 385451. 42 元。期末，如果股票 A 价格超过 20. 7(18×115%)元，则证券公司从机构客户手中以 20. 7 元买入 100 万股股票 A；如果股票 A 价格没达到 20. 7 元，则证券公司不买入股票 A。

上述例子，相当于该证券公司通过互换的形式向私募机构客户买入一个挂钩股票 A 的欧式看涨期权，从而可以实现其为私募机构客户实现溢价减持，同时获得额外现金增值的功能。

证券公司是看涨期权多头，因此需要根据每日 Delta 值的变化，融券做空标的股票进行对冲。本例中，股票 A 的实际波动率为 30%，期末股价为 21 元，达到行权条件。证券公司进行对冲的收入为 456919. 19 元，购买权利成本为 385451. 42 元，业务收入为 71467. 77 元。客户卖出期权获得 385451. 42 元，减持收益为 270 万元，总收益为 3085451. 42 元，优于单纯持股的收益 300 万元，双方实现了共赢。

第三节　场外期权套利

一、场外期权套利概述

(一) 场外期权套利的概念

场外期权套利是指在买入或卖出某种场外期权的同时，卖出或买入相关的另一种场外期权，并在某个时间同时将两种场外期权平仓。场外期权市场套利的手法与做市商或普通投资者大不一样，套利者利用同一资产或商品在两个或者更多合约之间的价差，而不是任何一个合约的价格进行交易。因此，他们的潜在利润不是基于资产或商品价格的上涨或者下跌，而是基于不同合约月份之间价差的扩大或者缩小，从而构成其套利交易的头寸。套利交易的获利并不是依靠价格的单边上涨或下跌来实现的，因此在场外期权市场上，这种风险相对较小且可控、收益相对稳定且比较优厚的投资策略备受大户和机构投资者的青睐，在市场上频繁采用。从国外成熟的交易经验来看，这种方式是大型基金获得稳定收益的关键。

(二) 场外期权套利的类型

1. 逆向套利

场外期权的使用可以帮助交易员在市场中构建多种交易头寸，而多种交易头寸是用传统投资手段无法实现的。用于在大幅波动的市场中获利的期权交易策略也被称为逆价差套利策略，因为获利的手段大多数是利用价差的增加，使用这种策略的交易商被称为逆价差套利者。一般来说，逆价差套利者会同时使用牛市策略和熊市策略。比如，一名交易员预计未来市场会出现很大波动，他所关注的商品价格会大涨或者大跌，这种预测往往是基于未来会出现一些结果具有不确定性的重大事件(年度或者季度的公司业绩报告、法律诉讼的最终裁决结果或央行的利率变化，以及其他能够加剧市场震荡的事件)。投资者会首先判断这类事件是否会对市场产生不确定的冲击，如果能产生影响，他们就可以尝试从这种不确定性中获利。随着市场不确定性的增加，期权的隐含波动率会上升，进而期权的价格会上涨。这是因为：第一，随着重大事件的临近，各种对期权的需求会大幅增加，这里的需求既包括投机需求，也包括套利需求；第二，期权的做市商会根据未来事件的影响判断盘面的状态，提高对未来波动率的估值。

2. 顺向套利

与逆向套利的交易方式相反，顺向套利是指卖出的期权合约数大于买入的期权合约数。一个顺向套利者卖出一个跨式套利组合，如果标的物的价格在期权的到期日之前，波动超出卖出了期权所获得的权利金的总和，这个组合就会给做市商带来盈利。一般来说，顺向套利者希望波动率下降或标的物价格稳定。

（三）套利策略的核心——价差交易

价差交易是指当一个或多个相似证券的价差较大，而随后价差会趋同于某一目标价值时，套利者会通过现在买卖证券赚取套利利润。期权价差交易主要有四种策略：①牛市价差策略，即投资者预判未来一段时间内期权涨幅有限，先买进一张即将看涨的期权，同时卖出一张同一到期日行权价比较高的看涨期权。②熊市价差策略，即投资者对未来一段时间内的行情不太看好，认为可能会下跌，于是先买进一张高行权价即将看跌的期权，同时卖出一张同一到期日行权价较低的看跌期权。③蝶式价差策略，即用较低成本在将来一段时间内获取一定的利润。采用该策略的投资者会先买进一张低价和一张高价的期权，再卖出两张行权价中位数值的看涨期权。⑤日历价差策略，即投资者买一个行权价相等但时间更长、看涨的期权，同时卖出一个看涨期权。

二、场外期权套利策略

（一）场外期权套利策略简介

场外期权套利策略包括波动率套利和波动率曲面套利。对于某个标的资产，市场上所有到期时间和执行价格的隐含波动率构成了期权的隐含波动率曲面。

如果特定合约隐含波动率明显偏高或偏低，则可以做多或者做空相应的场外期权，实现波率套利。波动率套利的核心思想是隐含波动率或实现波动率的均值回归，通过预测未来波动瞄准套利机会，动态 Delta 对冲消除市场波动的线性影响，利用 Vega 或 Gamma 的暴露锁定利收益。

如果波动率曲面局部出现异常起伏，特定执行价格和到期时间的期权相对于其他合约参数的期权被高估或者低估，则可以利用他们相对价格的偏离来进行套利，这是波动率曲面套利的基本思想。波动率曲面套利可以分为偏度套利、期限套利和曲面套利。在理想情况下，波动率曲面具有特定的偏度结构和期限结构，当市场隐含波动率与理论结构产生偏离时，可以构建相应套利组合实现收益。

从本质上说，波动率套利和波动率曲面套利都在利用市场的错误定价，波动率套利中所谓的“绝对偏离”也是特定合约隐含波动率相对于某个锚的偏离，从这种意义上说，两种套利模式都是利用“相对偏离”进行套利，它们具有统一性。具体策略实现包括两大核心模块：①构建曲面——利用市场数据构建每一期市场波动率曲面；②执行套利交易——将模型波动率曲面与市场波动率曲面进行对比，构建套利组合，同时对冲 Delta、Vega 等希腊字母，并在合适的条件下平仓。我们将围绕具体操作方式与技术难点分别介绍两大核心板块。

(二)场外期权套利策略的优势

收益稳定与风险分散是场外期权套利策略的两大核心优势。

1. 收益稳健

场外期权套利产品通过隐含波动率的偏离获取收益，根据有效市场理论，市场的错误定价一般会很快得到纠正，虽然少数情况下策略可能面临错误定价不断扩大的风险，但这种风险可以通过设置止损线来控制。多数期权策略会通过 Delta 对冲与 Vega 对冲消除标的资产或商品市场的影响，故相比于多头策略，场外期权套利策略在拥有可观收益的同时更加稳健，回撤风险和波动率较低。期权有十分成熟的定价模型，波动率曲面具有稳定的理论结构，场外期权价格的偏离可以得到精确的量化计算，因此场外期权套利具有更强的逻辑支撑，套利胜率往往更高、更稳健。

2. 风险分散

相比于市场主流投资策略，场外期权套利策略是较为小众的另类投资策略，收益往往与标的资产或商品市场收益相关性较低，该特性可以帮助投资者有效分散标的资产或商品的市场风险，大大增加策略的配置价值。此外，标的资产或商品市场收益往往与波动率呈现出负相关关系，当标的资产或商品下跌时，市场波动率容易放大，这种环境中期权交易更加活跃，套利机会变多，往往容易获得更高的收益。因此，套利策略能够起到很好的分散风险的作用，为标的资产或商品市场的头寸提供价格风险对冲。

（三）场外期权套利的交易策略

1. 裸套利交易策略

（1）裸买进看涨和看跌期权的套利交易策略

裸套利交易策略是指在没有任何其他证券或期权交易的情况下，同时买进看涨期权和看跌期权的一种策略，旨在面对未来市场不确定性时获得利润。对场外期权来说，看涨和看跌期权通常都是以亚式期权形式出现的，即期权的行权价格是由一定时间内标的资产的平均价格决定的。裸套利交易策略是一种低风险低收益的策略，适合那些认为市场价格变化的可能性不大的投资者。

举个例子来说，假设某个投资者在 3 月 4 日以 100 美元购买了到期日为 3 月 31 日的标的资产亚式看涨期权，行权价格为 105 美元。该投资者同时以 50 美元购买了到期日为 3 月 31 日的标的资产亚式看跌期权，行权价格也是 105 美元。如果到期日标的资产的价格高于 105 美元，那么投资者将会行使看涨期权并获得利润。如果到期日标的资产的价格低于 105 美元，那么投资者将会行使看跌期权并获得利润。在这种情况下，投资者获得的利润等于看涨期权和看跌期权的收益之和减去购买这两个期权的成本。

需要注意的是，由于亚式期权的特性，它的行权价格是由一定时间内标的资产的平均价格决定的，而不是一个确定的价格。因此，在选择裸套利交易策略时，投资者需要谨慎地选择期权的到期时间和行权价格，以避免损失。同时，由于裸套利交易策略有一定的风险，投资者如果选择这种策略，应进行适当的风险管理，以最小化损失。

（2）裸卖出看涨和看跌期权的套利交易策略

裸卖出看涨和看跌亚式期权的套利策略可以被视为与买入看涨和看跌亚式期权相反的策略。这种策略适用于认为市场波动率将保持在较低水平或不变的交易者。当市场波动率较低时，买入和卖出期权价格之间的差异会变得非常小。因此，卖出看涨和看跌期权的组合可能使交易者获得一定的利润。

在卖出看涨和看跌亚式期权的裸套利交易策略中，投资者卖出看涨和看跌亚式期权，获得期权溢价。如果标的资产价格在期权到期日之前始终在行权价格之下或之上，那么期权将无价值，投资者将获得期权溢价作为收益。如果标的资产价格在期权到期日之前上涨或下跌，投资者将面临巨大的亏损，因为他们需要履行期权。

例如，假设股票 ABC 的当前价格为 100 美元，并且一名投资者卖出行权价格为 105 美元的看涨亚式期权和卖出行权价格为 95 美元的看跌亚式期权，两个期权都有 1 年的期限。如果期权溢价 2 美元，那么投资者将获得 2 美元的期权溢价。如果在期限届满之前，股票价格一直低于 95 美元或高于 105 美元，那么期权将不会被行使，投资者将获得 2 美元的期权溢价作为收益。但是，如果股票价格在到期日之前上涨到 110 美元，看涨亚式期权将会被行使，投资者需要支付股票差价(110-105=5 美元)，看跌亚式期权将无价值。如果股票价格在到期日之前下跌到 90 美元，看跌亚式期权将会被行使，投资者需要支付股票差价(95-90=5 美元)，看涨亚式期权将无价值。在这种情况下，投资者的损失将超过期权溢价。

综上所述，在使用裸套利交易策略时，投资者必须对标的资产的价格变动做出准确的预测，否则可能面临巨大的风险和损失。此外，裸套利交易策略通常只适用于资金充足、风险承受能力较高的专业投资者。

2. 保护性套利交易策略

保护性套利交易策略是一种旨在降低投资组合风险的套利策略。该策略通过买入一份保护性看涨亚式期权和一份保护性看跌亚式期权来达到对投资组合的保护。这两种期权的价格是按照市场对未来波动率的预期而定的，因此保护性套利交易策略的成本是比较高的，但是它可以降低投资组合的下行风险。保护性看涨期权允许投资者在价格上涨时以事先确定的价格购买股票，从而保护投资组合不受价格上涨的影响。保护性看跌期权则允许投资者在价格下跌时以事先确定的价格卖出股票，从而保护投资组合不受价格下跌的影响。

假设一位投资者持有 100 股某公司的股票，该股票目前价格为 50 美元。投资者认为该股票可能上涨，但是仍然希望持有这些股票。为了保护这些股票免受价格上涨的影响，他决定购买一份保护性看跌期权和一份保护性看涨期权。

保护性看涨期权的行权价为55美元，到期日为3个月后。该期权的购买价格为1美元，意味着这位投资者需要支付100美元来购买该期权。如果在到期日时，该股票价格上涨到60美元，那么该期权将变得有价值，因为投资者可以55美元的价格买入股票，而市场价格为60美元。因此，投资者将获得股票市场价格与期权行权价格之间的差价，即每股5美元，总计500美元。如果股票价格跌到55美元以下，该期权将失去价值，但是投资者可以保留持有的股票。

保护性看跌期权的行权价为45美元，到期日为3个月后。该期权的购买价格也为1美元，意味着这位投资者需要支付100美元来购买该期权。如果在到期日时，该股票价格跌到40美元，那么该期权将变得有价值，因为投资者可以45美元的价格卖出股票，而市场价格为40美元。因此，投资者将获得股票市场价格与期权行权价格之间的差价，即每股5美元，总计500美元。如果股票价格上涨到45美元以上，该期权将失去价值，但是投资者可以保留持有的股票。

总之，保护性套利交易策略旨在为投资者提供保护，降低其持有股票或其他资产的风险。如果某人已经存有现货，为了规避市场风险，可以将来卖出相关看涨障碍期权。只要现货价格在到期日时以低于执行价出现，还可以产生收入。当现货价格快速上涨时，该策略会产生更好的作用。交易者只有在实际价格高于执行价时，才会出现亏损。但是，该策略的成本较高，因为购买保护性期权需要支付保险费，但它可以帮助投资者保护其投资并实现长期收益。

3. 借贷套利策略

(1)借入套利策略

场外期权的借入套利策略是指购买一个场外期权，同时借入该期权所对应的标的资产，以获取无风险套利的收益。例如，借入看涨亚式期权套利需要以执行价买入看涨亚式期权，同时以更高的执行价卖出看涨亚式期权，即看多亚式期权通常接近平值。这种策略适用于场外期权市场，特别是当市场中存在价格偏差时，可以通过借入资产和购买期权的组合来实现无风险套利。

假设某个场外期权的交易价格为5美元，期权对应的标的资产价格为100美元。如果市场上存在一个借贷机会，可以以3%的年利率借入100美元的标的资产，那么交易者可以同时购买场外期权并借入标的资产。交易者需要支付5美元的期权费用，并向贷款人支付3美元的利息，总成本为8美元。

如果到期时标的资产的价格上涨到110美元，那么交易者可以行使期权获得100美元的资产，并还清借款本金及利息共103美元，获得2美元的净收益。如果标的资产价格跌到90美元，交易者不会行使期权，但是必须向贷款人偿还103美元的本金和利息，因此将损失3美元。借入套利的风险在于，如果标的资产价格下跌，交易者可能遭受重大损失，因为他们必须在到期时偿还贷款本金和利息。此外，如果没有足够的借贷机会，这种策略将无法实现。因此，在考虑使用借入套利策略时，交易者需要权衡潜在的利润和风险，并确保有足够的借贷机会。

(2)贷出套利策略

场外期权的贷出套利策略是指投资者向另一方出售场外期权，同时在交易所购买一个相同标的资产的期权，以锁定利润。这种策略通常适用于场外期权价格被高估的情况。

假设一家机构投资者认为某股票的价格将下跌，并向另一家机构投资者出售一份看跌期权，收取1000美元的权利金。同时，该投资者在交易所购买一份相同标的资产的看跌期权，花费800美元。如果股票价格下跌，该投资者可以行使场外期权，获得相应的收益。同时，由于交易所期权的价格不会变化，该投资者可以通过出售期权获得利润。假设该股票价格下跌，到期时场外看跌期权的价值为2000美元，交易所看跌期权的价值为800美元。该投资者可以行使场外看跌期权，从另一方机构投资者那里获得2000美元的收益，然后将交易所看跌期权卖出，获得800美元的收益。总利润为2800美元，扣除权利金后为1800美元。

需要注意的是，场外期权的借贷套利策略存在一定的风险，因为市场波动可能导致价格变化，从而影响利润。此外，投资者需要注意场外期权的流动性，确保可以在需要时出售期权。

4. 日历策略

日历策略是一种利用期权时间价值差异进行交易的策略。在这种策略中，投资者同时买入一个较长到期日的期权合约和一个较短到期日的期权合约，以期利用时间价值的差异来获利。

假设某投资者认为公司D的股票价格在未来3个月内不会有明显的波动，但仍然想利用期权交易来获利。该投资者可以同时买入一个到期日为3个月后的看涨期权和一个到期日为1个月后的看涨期权，执行价格均为100元/股，期权费分别为4元/股和2元/股。如果在到期日前1个月，公司D的股票价格没有上涨到100元/股以上，那么1个月到期的看涨期权就会失去时间价值，而3个月到期的看涨期权还会保留较高的时间价值。投资者可以卖出到期日为1个月后的看涨期权，以获得一部分收益，同时继续持有到期日为3个月后的看涨期权，以继续获得未来可能的收益。如果在到期日前一个月，公司D的股票价格上涨到100元/股以上，那么3个月到期的看涨期权就会获得更高的价值，而1个月到期的看涨期权可能会被行权。投资者可以卖出到期日为3个月后的看涨期权，以获得一部分收益，同时执行1个月到期的看涨期权以购买股票并卖出进而获得收益。

需要注意的是，日历策略需要投资者有一定的期权交易经验和技巧，因为需要综合考虑期权的价格、到期日和价格走势等因素。因此，在采取这种策略时，需要仔细评估风险和盈利潜力。

5. 跨式套利策略

跨式套利策略是指在场外期权市场上，同时买入一个看涨期权和一个看跌期权，两个期权的行权价相同、到期日相同。此时，如果市场价格上涨，看涨期权将获利，看跌期权将亏损；如果市场价格下跌，看跌期权将获利，看涨期权将亏损。如果市场价格波动不大，两个期权都将亏损。跨式套利策略的风险在于如果市场价格波动很大，会导致两个期权都亏损，那么套利者将面临更大的损失。

假设股票A的现价为100元，1个月内有一家公司宣布将收购该股票，套利者认为该收购交易将推高A股价格，可以考虑采用跨式套利策略。假设股票A的看涨期权和看跌期权的行权价都为110元，期限为1个月，看涨期权价格为4元，看跌期权价格为3元。此时，套利者可以同时购买一个看涨期权和一个看跌期权，花费7元作为成本。如果股票价格上涨到120元，看涨期权获利10元，看跌期权亏损3元，套利者的总收益为7元。如果股票价格下跌到90元，看跌期权获利20元，看涨期权亏损4元，套利者的总收益为16元。如果股票价格波动不大，期权都会亏损，套利者将面临损失。

6. 蝶式套利策略

蝶式套利策略是一种利用期权买卖组合，实现在一定范围内收益或者获利的套利策略。该策略利用三种不同行权价格（K1、K2、K3）的期权来构建一个蝴蝶形状的图案，以实现一定的利润。蝶式套利策略包括买入蝶式套利（Long Butterfly）策略和卖出蝶式套利（Short Butterfly）策略。买入蝶式套利策略是在买入一份低执行价格和一份高执行价格期权合约的同时，卖出两份中间执行价格的期权合约。当标的资产价格偏离中间执行价格较大时，策略的损失达到最大。卖出蝶式套利策略是在卖出一份低执行价格和高执行价格期权合约的同时，买入两份中间执行价格的期权合约。当标的资产价格偏离中间执行价格较小时，策略的损失达到最大；当标的价格远离中间执行价格时，该策略能为投资者带来固定收益。

假设一只股票当前价格为 100 元，投资者认为在未来 3 个月内该股票价格将在 90 元和 110 元之间波动。投资者可以通过蝴蝶套利策略来利用这种波动性获利。首先，投资者买入一张行权价格为 95 元的看涨期权和一张行权价格为 105 元的看跌期权。同时，投资者卖出两张行权价格为 100 元的看涨期权。这种策略构建了一个蝴蝶形状的期权组合，因为行权价格为 95 元和 105 元的看涨期权与卖出的两张行权价格为 100 元的看涨期权形成两个“翅膀”，而行权价格为 105 元的看跌期权则构成了“蝴蝶”的身体。如果股票价格为 90~100 元，投资者将获得 95 元行权价格的看涨期权和 105 元行权价格的看跌期权的收益，而卖出的两张 100 元行权价格的看涨期权将没有收益。如果股票价格为 100~105 元，投资者将获得所有四张期权的收益，且收益将达到最大值。如果股票价格为 105~110 元，投资者将获得 105 元行权价格的看跌期权和卖出的两张 100 元行权价格的看涨期权的收益，而 95 元行权价格的看涨期权将没有收益。

7. 铁鹰套利策略

场外期权的铁鹰套利策略是一种结合多种期权合约的套利策略，旨在利用期权价格的不均衡性获取利润。该策略需要同时买入两个蝴蝶套利策略、一个长期认购期权和一个长期认沽期权，从而创造一个不对称的投资组合。长期认购期权是一种允许持有人在到期日之前以某个预定的价格购买标的资产的期权合约。

我们以一个例子来说明铁鹰套利策略的具体操作：①同时买入一个执行价格为 90 元和一个执行价格为 110 元的认购期权，同时卖出两个执行价格为 100 元的认购期权，从而构建第一个蝴蝶套利策略；②同时买入一个执行价格为 80 元和一个执行价格为 120 元的认沽期权，同时卖出两个执行价格为 100 元的认沽期权，从而构建第二个蝴蝶套利策略；③同时买入一个执行价格为 120 元的长期认购期权和一个执行价格为 80 元的长期认沽期权，以此来利用标的资产价格的大幅波动。

在上述操作中，投资者需要注意每种期权合约的价格和到期日，以及不同期权合约之间的价格关系。此外，投资者需要确保蝴蝶套利策略和长期认购、认沽期权的到期日相同，以避免因到期日不同而导致的价格波动风险。

铁鹰套利策略的收益取决于不同期权合约的价格关系和标的资产价格的波动情况。当标的资产价格波动不大时，蝴蝶套利策略和长期认购、认沽期权的价格变动较小，投资者可以通过卖出期权获得收益。当标的资产价格波动较大时，铁鹰套利策略可以通过持有长期认购、认沽期权来获得更大的收益。

假设某标的资产当前价格为 100 元，到期日为 3 个月后。假设其价格在未来 3 个月内为 90~110 元，则投资者可以按照上述操作构建铁鹰套利策略。如果标的资产价格在区间内波动，投资者可以通过蝴蝶套利策略和卖出期权获得收益。如果标的资产价格上涨至 120 元或下跌至 80 元，投资者可以通过持有长期认购、认沽期权获得更大的收益。

需要注意的是，铁鹰套利策略存在着一定的风险。一方面，如果标的资产价格波动较小，投资者可能无法获得足够的收益，甚至出现亏损。另一方面，如果标的资产价格波动较大，投资者可能无法控制风险，从而面临较大的亏损。

总之，铁鹰套利策略是一种利用场外期权市场合约价格的不平衡来赚取收益的策略。投资者可以通过蝴蝶套利策略和卖出期权来获得收益，也可以通过持有长期认购、认沽期权来获得更大的收益。但是，投资者需要注意每种期权合约的价格和到期日，以及不同期权合约之间的价格关系，以控制风险。

第六章 基差交易

第一节 基差概述

一、基差的内涵

（一）基差的定义

基差是指某一特定资产或商品在某一特定时间和地点的现货价格与其在期货市场的期货价格之差，即基差=现货价格-期货价格。如果现货价格高于期货价格，则基差为正数，又称远期贴水或现货升水；如果现货价格低于期货价格，则基差为负数，又称远期升水或现货贴水。期货合约越接近交割期，期货价格与现货价格越接近，基差越接近零。基差主要反映现货和期货两个市场之间的运输成本和持有成本。

从理论上讲，期货价格是市场对未来现货市场价格的预估值，两者之间存在密切的联系。由于影响因素相近，期货价格与现货价格往往表现出同升同降的关系；但二者的影响因素又不完全相同，因而其变化幅度也不完全一致。可以说，基差衡量的是期货价格与现货价格之间价差实际变化的情况。

由于期货价格和现货价格都是波动的，在期货合约的有效期内，基差也是波动的。期货市场套期保值的风险与对冲平仓时的基差直接相关。当投资者卖出现货，持有期货空头头寸套期保值时，对冲平仓日基差扩大，套期保值者将盈利；相反，当投资者未来将买入某项资产，持有期货多头头寸套期保值时，对冲平仓日基差扩大，套期保值者将亏损。因此，基差的不确定性是套期保值的主要风险，降低基差风险是实现套期保值的关键。

此外，基差的变化对套期保值的效果有直接的影响。从套期保值的原理不难看出，套期保值实际上是用基差风险替代了现货市场的价格波动风险。基差的变动比期货价格和现货价格各自本身的波动要稳定一些，这就为套期保值交易提供了条件。基差的变化主要受制于持有成本，这也比直接观察期货价格或现货价格的变化方便得多。因此，期货套期保值的风险远远小于期货投机的风险。

（二）基差的决定因素

1. 影响理论基差的主要因素

基差体现了市场参与者对资产或商品未来预期价格相对于现在价格的差异，因此它在很大程度上衡量的是市场参与者的心理因素。理论基差的最大负值是目前至到期日持有一单位实物资产或商品的边际费用（储存费、利息、保险费等）以及交割时发生的费用。任何超过理论基差的现象都是短暂的，即基差脱离当前理论基差时，套利的可能性会促使基差回到合理的区间。根据经典期货持有成本理论，当期货市场功能完善时，理论基差取决于持有成本。在实际中，由于基差反映的是各地的价格水平，因此它直接受到以下因素的影响：持有成本、品级、地区、当地的供给和需求条件、宏观经济形势等。

第一，持有成本。由于现货交易交货的时间与期货交割的月份往往不一致，这就造成了期货价格与现货价格之间存在着时间差价或持有成本。按照经典期货持有成本理论，基差取决于期货持有成本。期货的持有成本是指投资者在持有期货期间相对于当期卖出现货所付出的成本，主要包括资产或商品保管费、保险费和利息。资产或商品保管费是指从期货交易到现货交割之间的一段时间内，为保管发生的费用，如仓库租赁费、检验管理费、保险费和资产或商品正常的损耗等一系列开支。这些费用必然要在资产或商品期货的价格中得到反映和补偿，所以它们也是基差绝对值的构成因素。一般来讲，同一资产或商品的远期期货价格高于近期期货价格，近期期货价格高于现货价格。产生这种现象的原因主要是存在资产或商品保管费。在现实中，常常会出现同一资产或商品的现货价格高于近期期货价格，近期期货价格高于远期期货价格的现象。产生这种现象的一个原因是现货供应严重不足，使资产或商品保管费用在期货价格中的比重发生了很大变化。从理论上讲，很多资产或商品期货由于拥有合约需要付出持有成本，其现货价格小于期货价格，基差应该表现为负值。持有成本对资产或商品期货基差的影响在于持有成本越大，即期货的持有者所需要付出的仓库租赁费、保管费等越高，基差越小。

第二，品级。期货合约中规定买卖的标的物是基准品级的，而现货实际交易的品级与交易所规定的期货合同的品级往往不一致，因此当交易资产或商品存在品级差别时，基差也会出现差别。如果交货品级高于基准品级，基差变大；相反，如果交货品级低于基准品级，则基差变小。

第三，地区。期货交易所的期货合约规定的货物交割地点是交易所指定的标准交割地点，而实际现货交易的资产或商品交割地点往往并不与交易所指定的标准交割地点一致。因此，当交割资产或商品地点存在差别时，基差也会出现差别。实际现货交易的资产或商品交割地点与交易所指定的标准交割地点之间的资产或商品运杂费就是两地基差的差值。资产或商品运杂费包括运费、装卸搬运费、杂费等。资产或商品运杂费的存在，使不同地区交易所的同一资产或商品期货价格存在一定的差异。资产或商品运杂费直接决定了现货资产或商品进入仓储中心的成本，是地区之间基差绝对值差值的决定因素。若资产或商品现货市场物流交通发达、交割基准地设置合理且完善、仓储设施体系先进，并且实际现货交易的资产或商品交割地点与交易所指定的标准交割地点之间距离短，资产或商品运杂费就会很低，地区之间基差绝对值差值也会很小，反之，则地区之间基差绝对值差值会很大。

第四，当地的供给和需求条件。若当地与基准交割地相比，供需矛盾比较大，则该地资产或商品价格会大大高于或低于基准交割地价格。因此，当交割资产或商品地点供给与需求条件存在差别时，基差也会出现差别。在这种情况下，地区之间基差绝对值差值也会很大；反之，则地区之间基差绝对值差值会很小。

第五，宏观经济形势。若某一时期宏观经济形势比较好，资产或商品需求比较旺盛，则理论基差比宏观经济形势不好时的理论基差大；反之，此时期的理论基差比其他时期的理论基差小。在现实期货市场中，基差值的范围很大，即基差常常会脱离当时的理论基差值范围。套利会促使基差回到合理的理论区间。在逆转市场(出现现货溢价或现货极度折价时)，假设基差变为正数，即期货价格小于现货价格，套利行为就是在卖出现货的同时买入期货。但是，这种无风险套利取决于交易者的实物储存量，只有持有存货的交易者，才能利用这种状况进行套利。然而对一个庞大的市场来说，每一个持有存货的交易商的存货持有量总归是有限的，因此这种套利行为对于矫正出现偏离的基差的能力也是有限的，所以基差脱离当时理论基差值范围的现象有时会持续很长时间。这就为套期保值者带来极大的基差风险。从理论上讲，基差值的范围可以很大，使其脱离理论范围的因素很多，如存货持有者对套期保值保险程度的偏好、交易者对期货以及现货市场供求关系的预期、宏观经济的走势、市场投机者的投机行为和期货市场微观结构完善程度等。如果投资者在进行套期保值之初与结束套期保值之时基差没有发生变化，就可能规避基差风险，实现完全的套期保值。因此，套期保值者在交易的过程中应密切关注基差变化，并选择有利的时机完成交易，力求达到完全套保和基差盈利套保的效果。

2. 基差脱离理论范围的原因

第一，宏观经济走势对基差脱离理论范围的影响。期货资产或商品的需求量与国家经济形势紧密相关。宏观经济的繁荣、工业的大发展，使投资需求和消费需求不断增加，因此投资者对资产或商品未来价格看好，未来资产或商品的期货价格和现货价格相关性增加，基差就会减小。

第二，现货市场供求关系预期对基差脱离理论范围的影响。期货投资者在投资过程中总是存在着不断的预期修正行为，也就是说，人们在投资过程中会不断修正自己的预期。基差是投资者对未来资产或商品价格相对于现货价格的差异预期，在未来某个时点，投资者会根据当时的价格修正之前的预期，同时对未来产生一个新的预期。在成熟的市场中，投资者是理性的，认为所有的资产或商品都存在一定的价值，资产或商品的价格将始终围绕一个合理的价值上下波动。因此，投资者发现价格上涨之后，会修正预期，认为价格一定会回归价值，于是预测未来价格会下降。在期货市场上，表现为期货基差同现货价格呈同方向变化，即现货价格上涨时，基差会增大，现货价格下降时，基差会减小。在新兴市场中，投资者是非理性的，对预期的修正存在着放大效应，即当现货价格上涨时，投资者会认为未来的价格会上涨更多，于是修正预期，对未来价格抱有更大的上涨预期。在期货市场上，表现为期货基差同现货价格呈反方向变化，即现货价格上涨时，基差会减小，现货价格下跌时，基差会增大。

第三，投机行为对基差脱离理论范围值的影响。当期货市场投机氛围浓重，投机比重过大时，基差会增大；当期货市场投机氛围正常，投机比重合适时，基差会减小。

二、基差与套期保值

（一）基差变化与套期保值的关系

在资产或商品实际价格运动过程中，基差总是在不断变动，而基差的变动形态对套期保值者而言至关重要。期货合约到期时，现货价格与期货价格会趋于一致，而且基差呈现季节性变动，使得套期保值者能够利用期货市场降低价格波动的风险。基差变化是套期保值者判断能否完全实现套期保值的依据。套期保值者利用基差的有利变动，不仅可以取得较好的保值效果，而且可以获得额外的盈余。一旦基差出现不利变动，套期保值的效果就会受到影响，甚至使套期保值者蒙受一部分损失。

1. 基差变化与买入套期保值者

第一，现货价格和期货价格均上升，但现货价格的上升幅度大于期货价格的上升幅度，基差扩大，从而使得加工商在现货市场上因价格上升买入现货蒙受的损失大于在期货市场上因价格上升卖出期货合约的获利。如果现货市场和期货市场的价格不是上升而是下降，则加工商在现货市场获利，在期货市场受损。但是，只要基差扩大，现货市场的盈利不仅不能弥补期货市场的损失，而且会出现净亏损。

第二，现货价格和期货价格均上升，但现货价格的上升幅度小于期货价格的上升幅度，基差缩小，从而使加工商在现货市场上因价格上升买入现货蒙受的损失小于在期货市场上因价格上升卖出期货合约的获利，从而很好地对冲现货价格波动风险。

2. 基差变化与卖出套期保值者

第一，现货价格和期货价格均下降，但现货价格的下降幅度小于期货价格的下降幅度，基差扩大，从而使经销商在现货市场上因价格下跌卖出现货蒙受的损失小于在期货市场上因价格下跌买入期货合约的获利。如果现货市场和期货市场的价格不是下降而是上升，则经销商在现货市场获利，在期货市场损失。如果基差扩大，现货市场的盈利也只能弥补期货市场的部分损失，结果仍是净损失。

第二，现货价格和期货价格均下降，但现货价格的下降幅度大于期货价格的下降幅度，基差缩小，从而使经销商在现货市场上因价格下跌卖出现货蒙受的损失大于在期货市场上因价格下跌买入期货合约的获利。如果现货价格和期货价格不降反升，那么经销商在现货市场获利，扣除在期货市场的损失后，仍有盈利。

期货价格与现货价格的变动趋势是一致的，但两种价格变动的时间和幅度不完全一致，也就是说，在某一时间，基差是不确定的。因此，套期保值者必须密切关注基差的变化。套期保值并不是一劳永逸的事，基差的不利变化也会给套期保值者带来风险。虽然套期保值没有提供完全的保险，但是它的确回避了与商业相联系的价格风险。套期保值基本上是风险的交换，即以价格波动风险交换基差波动风险。

（二）基差变动与套期保值的效果

在市场经济条件下，随着供求关系等的变化，期现货价格会发生波动，基差水平也会发生变化。在正常情况下，期货价格高于实货价格，或者近期合约价格低于远期月份合约价格，基差为负值，我们将这种市场情形称为正向市场或正常市场。在特殊情况下，现货价格高于期货价格（或者近期月份合约价格高于远期月份合约价格），基差为正值，则将其称为反向市场或逆向市场。在不同的市场上，基差走强和走弱会产生不同的影响。

第一，根据基差的走向，可以将基差对市场的影响分为以下两种情形：①基差走强。正向市场，（现货价格-期货价格）的绝对值，相对于零值的距离变得越来越近；反向市场，（现货价格-期货价格）的绝对值，相对于零值的距离变得越来越远；或者由正向市场变为反向市场。②基差走弱。正向市场，（现货价格-期货价格）的绝对值，相对于零值的距离变得越来越远；反向市场，（现货价格-期货价格）的绝对值，相对于零值的距离变得越来越近；或者由反向市场变为正向市场。

基差走强、走弱与套期保值盈亏的关系表现为以下十二种情形：

正向市场(+)，基差走强(-)，买入套保(+)，亏损(-)；
正向市场(+)，基差走强(-)，卖出套保(-)，盈利(+)；
正向市场(+)，基差走弱(+)，买入套保(+)，盈利(+)；
正向市场(+)，基差走弱(+)，卖出套保(-)，亏损(-)；
正向市场变为反向市场(+)，基差走强(-)，买入套保(+)，亏损(-)；
正向市场变为反向市场(+)，基差走强(-)，卖出套保(-)，盈利(+)；
反向市场(-)，基差走强(+)，买入套保(+)，亏损(-)；
反向市场(-)，基差走强(+)，卖出套保(-)，盈利(+)；
反向市场(-)，基差走弱(-)，买入套保(+)，盈利(+)；
反向市场(-)，基差走弱(-)，卖出套保(-)，亏损(-)；
反向市场变为正向市场(-)，基差走弱(-)，买入套保(+)，盈利(+)；
反向市场变为正向市场(-)，基差走弱(-)，卖出套保(-)，亏损(-)。

第二，根据基差绝对值的大小，可以将基差对市场的影响区分为以下两种情形：①基差趋大。现货价格-期货价格的绝对值，相对于零值的距离变得越来越远。②基差趋小。现货价格-期货价格的绝对值，相对于零值的距离变得越来越近。

基差趋大、趋小与套期保值盈亏的关系表现为以下八种情形：
正向市场(+)，基差趋大(+)，买入套保(+)，盈利(+)；
正向市场(+)，基差趋大(+)，卖出套保(-)，亏损(-)；
正向市场(+)，基差趋小(-)，买入套保(+)，亏损(-)；
正向市场(+)，基差趋小(-)，卖出套保(-)，盈利(+)；
反向市场(-)，基差趋大(+)，买入套保(+)，亏损(-)；
反向市场(-)，基差趋大(+)，卖出套保(-)，盈利(+)；
反向市场(-)，基差趋小(-)，买入套保(+)，盈利(+)；
反向市场(-)，基差趋小(-)，卖出套保(-)，亏损(-)。

(三)基差对套期保值利润的影响

对买入套期保值者有利的基差变化：①期货价格上涨，现货价格不变，基差变弱，结束套期保值交易就能在保值的同时获取额外的利润。②期货价格不变，现货价格下跌，基差变弱，结束套期保值交易就能在保值的同时获取额外的利润。③期货价格上涨，现货价格下跌，基差极弱，结束套期保值交易就能在保值的同时在两个市场均获取额外的利润。④期货价格和现货价格都上涨，但期货价格上涨幅度比现货价格大，基差变弱，结束套期保值交易就能在保值的同时获取额外的利润。⑤期货价格和现货价格都下跌，但现货价格下跌的幅度比期货价格大，基差变弱，结束套期保值交易就能在保值的同时获取额外的利润。⑥现货价格从期货价格之上跌破，基差变弱，结束套期保值交易就能在保值的同时获取额外的利润。

对卖出套期保值有利的基差变化：①期货价格下跌，现货价格不变，基差变强，结束套期保值就能在保值的同时获取额外的利润。②期货价格不变，现货价格上涨，基差变强，结束套期保值就能在保值的同时获取额外的利润。③期货价格下跌，现货价格上涨，基差变极强，结束套期保值就能在保值的同时在两个市场均获取额外的利润。④期货价格和现货价格都上涨，但现货价格上涨幅度比期货价格大，基差变强，结束套期保值交易就能在保值的同时获取额外的利润。⑤期货价格和现货价格都下跌，但期货价格下跌幅度比现货价格大，基差变强，结束套期保值交易就能在保值的同时获取额外的利润。现货价格从期货价格以下突然上涨，基差变强，结束套期保值交易就能在保值的同时获取额外的利润。

三、基差风险

基差风险是指由保值工具与被保值资产或商品之间价格波动不同步所带来的风险。基差的金额不是固定的，其波动会给套期保值者带来无法回避的风险，从而直接影响套期保值效果，特别是当采用替代品种保值时。基差风险的变动受到以下三方面因素的影响：

第一，套期保值交易时期货价格对现货价格的基差水平及未来收敛情况的变化。在交割日期货价格一般接近现货价格，即基差约等于零。因此，套期保值交易时的基差水平、基差变化趋势和套期保值平仓对冲的时间决定了套期保值的风险大小及盈亏状况。

第二，影响持有成本因素的变化。从理论上讲，期货价格等于现货价格加上持有成本，该持有成本主要包括储存成本、保险成本、资金成本和损毁等。如果持有成本发生变化，基差也会发生变化，从而影响套期保值组合的损益。

第三，被套期保值的风险资产与套期保值的期货合约标的资产的不匹配。我国2018年以前没有棉纱期货合约，因为棉纱价格与棉花价格波动具有高度相关性，所以棉纱生产商或消费商使用国内棉花期货合约来为棉纱价格进行套期保值，这种套期保值被称为交叉套期保值。交叉套期保值的基差风险最大，因为其基差由两部分构成：一部分来源于套期保值资产的期货价格与现货价格之间的价差；另一部分来源于套期保值资产的现货价格与被套期保值资产的现货价格的价差。由于被套期保值的风险资产与套期保值期货合约的标的资产不同，两者对价格的影响也不同，导致交叉套期保值的基差风险相对偏高。

第四，期货价格与现货价格的随机扰动。市场经济中存在诸多影响期货价格和现货价格的因素，致使期货价格和现货价格呈现随机波动。在套期保值组合持有期间，随机波动的期货价格和现货价格会使基差处于不断的扩大或缩小变化中，从而使套期保值组合产生损益。

四、基差交易的原理和运用

(一)基差交易的原理

基差交易分为现货基差交易和期货基差交易两种类型。现货基差交易是指在购买的现货与期货工具价格偏离合理区间时，一边交易收益大于另一边交易损失的套利交易行为。期货基差交易是指在对影响基差变化的各因素进行充分分析的基础上，通过对基差走势的判断获取基差差价的交易行为。期货基差交易有风险投资和无风险套利两种交易策略。

现货基差交易是国外发达市场普遍采用的交易模式。在国外，贸易商和现货企业几乎全部采用现货基差交易的现货贸易模式，这是企业用期货市场价格来固定现货交易价格，从而将转售价格波动风险转移出去的一种套期保值策略。采用这种方法，销售企业在与采购企业谈判时，可以暂时不确定合同价格，而只是提前确定一个基差，采购企业在规定日期前选择一个意愿期货价格加上确定的基差来最终确定购货价格。一旦采购企业选择了某日的期货价格，则它同时可以在期货交易所建立空头交易部位。等到转售货物时，采购企业再以等于或大于买入现货价格的基差价格出售货物，并在期货交易所以多头平仓。这样，无论期货价格如何变化，采购企业都不会在现货交易中受到任何损失，并且卖出现货的基差大于买入现货的基差，采购企业还可能获得基差交易的盈利。这种交易的好处是，采购企业一方面可以通过基差定价很好地确定一个买入现货价格，另一方面可以获得基差收益，大大提高套期保值效果。

例如：某采购企业以基差形式与国外商人签订一笔玉米进口合同，价格为 12 月期货价格加上 15 美分(升水值)，交货期为 11 月。12 月的期货价格由进口商在 10 月 10 日前选择。该进口商于 9 月 28 日预测 12 月期货价格较为合适，遂通知出口商选择 9 月 28 日的期货价格 2.36 美元/蒲式耳。此外，为转移价格波动的风险，该进口商在期货市场上建立了空头交易部位。11 月 2 日，该采购企业在国内找到最终买主，达成转售合同，现货价格跌至 2.45 美元/蒲式耳，而期货价格也降到 2.28 美元/蒲式耳，交易可获得现货卖出基差 17 美分(即现货价格 2.45 美元/蒲式耳-期货价格 2.28 美元/蒲式耳=17 美分/蒲式耳)。采购企业在达成转售合同的同时，在期货市场以多头平仓。这样，现货卖出基差-现货买入基差=17-15=2 美分。在这个例子中，采购企业通过基差交易配合套期保值，不但在价格下跌时用期货市场的盈利弥补了现货市场的亏损，而且取得了基差交易的额外盈利：每蒲式耳 2 美分。

按照点价权利的归属划分，基差交易可分为买方叫价交易(又称买方点价)和卖方叫价交易(又称卖方点价)两种模式。如果将确定最终期货价格为计价基础的权利即点价权利归属买方，则称为买方叫价交易；若点价权利归属于卖方，则称卖方叫价交易。当点价结束时，对升贴水报价一方来说，最终现货成交价格=期货价格+升贴水，则升贴水就是最终现货价格-期货价格的差额，即基差。因此，升贴水实际上也是基差的一种表现形式，只不过它是事先就人为确定好的。基差交易的实质是一方卖出升贴水(基差)，一方买入升贴水。通常将升贴水报价一方称为基差卖方，而将接受升贴水并拥有点价权利的一方称为基差买方。

(二)基差交易的运用

在美国，现货贸易就是基差交易。在期市的套期保值交易中，决定套保效果的并不是价格的波动，而是基差的变化。所以说，美国的资产或商品贸易商都是基差交易者，他们不需要预测价格的涨跌，只需根据历史基差走势和图表对基差进行预测。他们的任务就是管理好基差，并通过对未来基差变化的判断，综合运用期货、互换、期权等多种方式，从基差的变动中获得利润。对期货投机商而言，套期保值就是对基差的投机，是根据基差变化而不是价格变化作出买卖决定。既然是对基差的投机，如果对基差走势判断错误，就会导致套保操作出现亏损，但由于基差变动幅度较小，它带来的风险远低于价格波动带来的风险。因此，即使判断错误，也不会给资产或商品贸易商带来灭顶损失，这也是美国资产或商品贸易商必做套保的真正原因。

国际市场普遍采用基差交易方法，能够给我们许多启示：第一，要维护、确立期货价格的权威性。基差交易建立在期货价格权威性基础上，因此，只有当期货市场真正体现出现货市场的价格，基差交易才可以正常进行。避免导致期货价格的权威性、公正性受到破坏是市场监管永恒的话题。芝加哥期货交易所判断市场操纵的一些做法，对我们也有一定的借鉴意义。在芝加哥期货交易所，很难看到期现市场价格明显割裂的痕迹。在我国，这个问题如果不解决，将会对国内期市发展产生长期的消极影响。第二，应强化期现结合的制度设计。应进一步推动期货市场与现货市场的融合，开发新型基差交易模式，便利保值交易，强化制度建设方面的主攻方向。过分强调期市的虚拟性、金融性，特别是投资性，是失之偏颇的。芝加哥期货交易所是在现货市场上发展起来的，其后来的发展也是现货市场自然发展和进化的结果。近年来，市场需求日益多样化，市场的标准化趋势正在被打破。对现货企业来说，芝加哥期货交易所不会令其感觉到现代金融市场的过分尖端和高深，而是一个简单、朴实的市场，当现货企业需要回避市场风险时，芝加哥期货交易所是可以随手使用的一根“拐杖”。

第二节 基差交易策略

基差交易利润的主要来源是基差变化，基差的多头从基差的扩大中获得利润，基差的空头从基差的缩小中盈利。交易者需结合各类因素综合分析判断现货价格与期货价格之间的强弱关系，寻找市场机会，制定良好的基差交易策略。基差交易的成功与否，主要取决于资产或商品的供需情况、出入场时机的把握、久期的高低、资金成本的大小、现货与期货的配比、宏观经济形势等。

一、基差交易中的卖方交易策略

（一）基差卖方升贴水的报价和确定

在基差交易中，对卖方来说，交易的实质是以套期保值的方式将自身面临的风险通过协议基差的方式转移给现货交易中的对手。假设基差卖方在与交易对手签订基差交易合同之前做套期保值时的市场基差（建仓时基差）为 B1，当交易对手基差买方在点价后，基差卖方的套保头寸平仓基差为 B2，则此时的基差变动 $\Delta B=B2-B1$。这样，不管现货市场还是期货市场上的实际价格是多少，只要 $B2=B1$（即 $\Delta B=0$），就能实现完全套期保值，取得升贴水报价的预期利润。也就是说，在基差交易中，决定基差卖方套期保值效果的并不是价格的波动，而是基差的变化。基差卖方一旦建立套期保值头寸，基差 B1 就由当时的市场确定了，而升贴水 B2 则由自己报价，并与交易对方协商人为确定。如果基差卖方能争取到一个更有利的升贴水 B2，使得 ΔB 尽可能大，就能尽可能多地获得额外收益。因此，对升贴水的定价谈判是基差交易的关键所在。

如果预测现货供应将会趋紧，则升贴水报价会高一些；如果预测现货供应将趋于宽松，则升贴水报价会低一些。若现货价格波动不大，基差卖方通常需将升贴水的报价与期货价格涨跌联系起来：在买方叫价交易中，当期货价格上涨时，升贴水报价就下降一些，当期货价格下跌时，升贴水报价就提升一点；而在卖方叫价交易中，当期货价格上涨时，升贴水报价就提高一些，当期货价格下跌时，升贴水报价就下降一些。之所以将两者联系起来，目的是保持"期货价格+升贴水"与不变的现货价格相匹配，使基差买方容易接受升贴水报价。例如，在大豆基差买方叫价交易中，假设当天现货到港价格是 281 美元/吨，如果期货价格收盘小幅上涨，此时的升贴水报价就会回落，使得"期货价格+升贴水"仍在 281 美元/吨左右；同理，如果期货价格在收盘时小幅下跌，则升贴水报价会上涨一些，以保持"期货价格+升贴水"仍在 281 美元/吨左右。因此，在现货市场价格波动不大时，期货价格与升贴水之间是此消彼涨的关系。

（二）基差卖方套期保值的时机选择

在基差交易中，基差卖出一方最担心的是签订合同之前的升贴水报价不被基差买方接受，或者是基差卖不出好价钱而期货市场上的套保持仓正承受被套浮亏和追加保证金的状态。为了更好地达到套期保值的效果，降低基差出现不利变动的风险，基差卖方应尽量选择有利的初始基差，或者尽量使初始基差小于基差的历史均值。假如是卖出套保，则应选择基差未来走强的时机进场；假如是买入套保，则应选择基差未来走弱的时机进场。总结许多套期保值亏损案例的教训可以发现，许多都是在现货与期货基差大幅偏离正常水平的情况下进行套期保值，从而增加了基差风险。这表明，套期保值需要选择时机，这就需要卖方对基差变化进行深入细致的分析。

（三）基差卖方的风险防范措施

基差卖方的风险主要集中在与基差买方签订合同前的阶段。在正常的市场条件下，由于影响商品现货价格与期货价格的因素相同，套期保值基差的波动幅度相对较小且稳定在某一固定的区间，在该波动区间产生的套期保值组合盈利或亏损较小，因而不会对套期保值的有效性产生太大影响。但在某些特殊情况下，市场会出现对套期保值不利的异常情况，导致套期保值基差持续大幅度扩大或缩小，从而使套期保值组合出现越来越大的亏损，如果不及时止损，将对基差卖方造成巨大亏损。尽管从概率上来说，偏离正常基差水平的异常基差现象属于小概率事件，但如果处理不当，也会给基差卖方造成巨大损失。

为了尽量避免或减少因基差异常波动带来的套期保值风险，基差卖方应该采取有效措施管理基差变动风险。主要措施包括：第一，建立合理的基差风险评估和监控机制。使用压力测试法和风险价值法等方法来量化套期保值的风险，在对基差风险进行评估时，要特别关注有可能导致巨大亏损的小概率事件。第二，建立严格的止损计划，以规避异常基差变化导致的风险。一旦发现基差出现不利的异常变化，最佳策略就是立即平仓止损。一般来说，套期保值有两种止损策略：一是基于历史基差模型，确定正常的基差幅度区间，一旦基差突破这个区间，表明市场出现异常，应该及时止损；二是确定最大的可接受亏损额，一旦达到这一亏损额，及时止损。总之，在基差交易中，基差卖方在进行套期保值前，应认真研究基差的变化规律，合理选择期货品种；在套保方案实施过程中，要选择合适的入场时机并密切跟踪基差变化，测算基差风险，并在基差出现重大不利变化时及时进行保值操作，以控制基差风险。

二、基差交易中的买方交易策略

(一)基差买方升贴水和点价策略

在升贴水谈判中，基差卖方的让利空间有限，基差买方处于被动接受地位，基差买方最多也只能对升贴水进行讨价还价，以尽量争取优惠。在升贴水谈判结束后，双方签订基差交易合同，确定基差大小，最终收购价格由期货价格这一未知量决定。由于最终现货价格中期货价格占 90%以上的比重，点价成了基差买方最关键的因素。点价模式有很多种，既可以是一次性点价，也可以是分批点价，既可以在盘中即时点价，也可以以当天期货合约结算价点价，或者以合约当月月度结算平均价和收盘平均价等其他约定价格作为所点价格，只要交易双方在合同中事先约定好就行。点价成败的关键是正确判断期货价格走势。

例如：某饲料企业在来年 2 月前向油厂大量采购豆粕用于生产饲料。在与油厂签订合同时，某油厂报出了在大商所豆粕期货 5 月主力合约价格基础上升水 600 元/吨的现货销售价格，签约当日企业所在的豆粕现货价格为 3960 元/吨，豆粕 5 月合约收盘价为 3340 元/吨，现货与其基差为+620 元/吨。

情形一：预期基差由强走弱。该饲料企业经过仔细研究发现，自当年 8 月起，豆粕期货价格就逐步形成对现货价格的贴水局面，通常的贴水值为 200~700 元/吨。那么，签约当天 620 元/吨的基差处于历史偏高的位置，未来一段时间豆粕基差走弱的可能性较大。该饲料企业为规避当前买入现货豆粕的风险，极大可能是不同油厂签订购销合同，而采取买入期货合约的方式，将 1~3 月份公司所需豆粕原料先在 5 月期货合约上买入一部分(成交价 3340 元/吨)，然后根据基差变动与豆粕期现价格的运行趋势确定后期与油厂的基差交易。如果期货价格涨幅大于现货价格涨幅导致基差走弱，则继续持有期货头寸；如果现货价格跌幅大于期货价格跌幅导致基差走弱，当基差损益点达到 100 点时，则考虑在期货市场直接交割接货，或提前期转现，或在平仓期货头寸的同时采购现货。相对地，如果期货价格涨幅小于现货价格涨幅，或者是期货价格跌幅大于现货价格跌幅导致基差走强，即期货贴水扩大，则继续持有期货头寸，并将后期公司饲料生产所需豆粕用量转到期货市场上采购。

情形二：预期基差由弱走强。受到外部利空因素影响，大豆、豆粕、豆油等大宗商品下跌趋势明显，国内油脂行业处于低迷状态，油脂企业库存显著增加，期货价格出现罕见的大幅贴水。该饲料企业通过对豆粕基差图的监测和均值回归法的分析，判定未来一段时间豆粕基差走强的可能性较大。这就意味着当前期货价格可能被高估或现货价格被低估，因此当前买入现货豆粕的风险较低。如果发现期货价格涨幅，则尽早点价或分批点价，或在期货市场做买入套保；如果期货价格继续下跌，则将点价时间尽量往后拖延。如果期货价格涨幅大于现货价格涨幅，或是现货价格跌幅大于期货价格跌幅导致基差走弱，则应尽早点价或分批点价，并将所接现货抛到期货市场卖出套保。相反，如果期货价格涨幅小于现货价格涨幅，或者是期货价格跌幅大于现货价格跌幅导致基差走强，即期货贴水扩大，则应将点价时间尽量往后拖延。

（二）基差买方风险控制策略

对基差买方来说，基差交易中所面临的风险主要是敞口风险。点价方基于自身对商品未来一段时间价格走势的预测来确定愿意承担的风险换取点价。但是，点价方具有对价格涨跌进行投机交易的特点，一旦对未来现货价格走势判断错误而又没有及时纠正，其所面临的风险会大幅增加。

为尽量避免或减少因对价格判断错误导致点价策略失误造成的巨大风险，基差买方应该采取有效措施管理敞口风险。一是制订当价格向不利方向发展时的止损性点价策略。点价方一旦发现价格向自身判断相反方向运行，就应采取防范性的点价策略。二是当价格向不利方向变化时，应及时在期货市场进行相应的套期保值交易，锁住敞口风险。如果是买方叫价交易，则点价方应及时在期货市场做买期保值；如果是卖方叫价交易，则点价方应及时在期货市场做卖期保值。当然也可采取边点价、边套保的策略。三是运用期权工具对点价策略进行保护。比如，在买方叫价交易中，基差买方通过买入看涨期权做套期保值，既可以锁定价格上涨造成的采购成本提高的风险，又保留了价格下跌后点价获利的机会。同样，在卖方叫价交易中，基差买方通过买入看跌期权做套期保值，既可以锁定价格下跌造成的销售利润损失的风险，又保留了价格上涨后点价获利的机会。卖出看涨期权也是一种卖出套保的方法。当然，卖出期权适用于期货价格中性或者小幅波动的情形，而买入期权适用于期货价格大幅波动的情形。

第七章 指数衍生品

第一节 指数衍生品概述

一、指数衍生品的发展历史

从指数衍生品的历史看，最早上市交易指数衍生品的是1982年推出的纽约证券交易所(以下简称“纽交所”)综合指数期货合约，随后1983年又推出了纽交所综合指数期货期权，并在1985年上市了美元指数期货。商品指数衍生品的出现要晚于股票、外汇等金融指数，但要早于房地产指数。最早的商品指数衍生品是1986年上市交易的CRB商品指数期货，CRB指数期货期权1988年才推出。在CRB指数期货上市交易以后，其他商品指数衍生品也开始出现，比较成功的是1992年在CME上市的标普高盛商品指数(S&P-GSCI)期货和2001年上市的道琼斯瑞银商品指数(DJ-UBSCI)期货。

进入21世纪以来，在金融创新和市场需求的推动下，指数衍生品进入快速发展阶段。自20世纪80年代末上市以来，指数共经历了三代发展。

(一)第一代指数：被动复制型

第一代指数主要有标普高盛指数(S&P-GSCI)、道琼斯-UBS指数(DJ-UBSCI)、德意志银行流通指数(DBLCI)、罗杰斯世界指数(RICI)、美林全球指数(MLCX)、纳斯达克指数(NQCI)等；其中，S&P-GSCI和DJ-UBSCI被认为是投资的基准(Benchmark)，因为其跟踪量远大于其他同类指数产品。

第一代指数产生的目的在于构建一个可投资的指数来代表更为广泛的市场。指数中成分的权重通常由其全球产量或流动性指标来决定，权重多数为一年调整一次；多数资产或商品使用期货主力合约并在临近交割时展期至下一个主力合约，因此频繁的展期会带来一定的展期成本（或利润）和跟踪误差。

（二）第二代指数：展期损失规避型

如果市场是期货贴水（Backwardation），即远期价格低于近期价格，第一代指数在展期过程中能够获得收益；反之，如果市场是期货升水（Contango），即远期价格高于近期价格，则展期会造成损失。第二代指数的目的在于减少展期可能造成的损失。我们按照以下构造方法介绍第二代指数。

1. 跨越曲线（Across the Curve）

使用该方法的指数等权重地持有多个期货合约（通常为最近 12 个月期货合约）到目标到期日（如一年），相当于做了一个历史平滑处理。优势是展期损失会相应减少，但展期收益也会随之减少。使用该方法的指数主要有 JP Morgan 商品曲线指数和 UBS Bloomberg 固定期限商品指数。

2. 减少展期次数

使用该方法的指数并不持有主力合约，而是持有中间并且期限较远的流动性较好的合约（如次主力合约），从而减少展期次数，规避展期可能造成的损失，同时降低交易费用。使用该方法的指数主要有 S&P-GSCI 增强指数和看多视点扩展商品指数。

3. 最优基差（Best Basis）

使用该方法的指数是动态地在所有期货合约中选择最优隐含展期收益的合约。比如，在期货升水市场，且升水主要集中在前端时，选择远月合约进行展期，从而减少展期次数及损失；而对于期货贴水市场，则选择近月合约进行展期，从而增加展期次数及收益。使用该方法的指数主要有 DBLCI 最优收益指数和 DCI BNP 巴黎银行增强指数。

4. 其他方法

DJ-UBS F3 和巴克莱商品曲线配置指数等使用 3 个月远期合约进行展期。美林集团商品指数等每个月以一个不固定的远期合约为代表进行展期。

(三)第三代指数：主动管理型

尽管第二代指数相对于第一代指数减少了市场在期货升水时展期所产生的损失，但是也削减了展期的潜在收益(当市场处于期货贴水时)；同时，使用非主力远期合约又会受到流动性不足的影响。此外，第一代指数和第二代指数都是只能单边做多的投资策略，在大宗商品由长期牛市转入熊市后的漫长时间里，注定很难有所作为。第三代指数为多空指数，该指数既可以在期货贴水时做多，又可以在期货升水时做空。第三代指数被设计成能够在上涨和下跌的市场中都获取风险溢价的指数。在前两代的基础上，第三代指数还增加了对标的的主动选取，以及对权重的动态调整。我们按照以下构造方法介绍第三代指数。

1. 动量(Momentum)

使用该方法的指数用价格的持续性来决定成分的多空和权重，以提高指数中表现相对较好的权重，同时降低表现较差的权重。使用该方法的指数主要有 Mount Lucas 管理商品指数和晨星看多/看空商品指数。

2. 期限结构(Term Structure)

使用该方法的指数通过期货曲线的形状来判断期货的升贴水情况，做多期货贴水的商品，做空期货升水的商品。使用该方法的指数主要是 CYD 多空 TR 指数。

3. 市场中性(Market Neutral)

使用该方法的指数在买入某期货合约的同时，又卖出某期货合约，使得指数的多空头寸相互对冲，也就是市场中性。使用该方法的指数主要是 CYD 市场中性加商品指数。

4. 基本面与技术面结合

使用该方法的指数通过把基本面指标(库存、失业率、展期收益等)和技术指标(动量)结合起来，基于量化方法决定成分的最优权重来组合成指数。使用该方法的指数有巴克莱资本 CARALS 指数等。

二、指数衍生品的特点和种类

(一)指数衍生品的特点

指数衍生品采用“多头买入并持有”的投资策略，即按照期货合约的名义价值购买期货合约。参与市场采用的是“全部抵押方式”，即先将全部资金投资于短期国债以获取固定收益，再以短期国债作为抵押参与期货交易，不采用卖空策略，也不使用资金杠杆。指数衍生品的投资风格相对保守，并不随价格波动而改变投资策略，资金运作频率较低。和CTA基金等热钱相比，指数衍生品又被称为“冷钱”。由于不参与实物交割，指数衍生品通常不会买入距当前最近月份的合约，而是遵循一定的规则，在合约到期前进行迁仓交易。指数衍生品投资的收益包括合约价格变化、迁仓收益和抵押品收益。前两部分收益合成超额收益。迁仓收益来自近月合约价格高出远月合约价格的倒挂时期期货市场结构不断迁仓的稳定收益，是指数基金的主要收益。

（二）指数衍生品的种类

指数及以其为标的的衍生品投资在普及化之前，期货一直未被广泛地纳入投资组合工具中。其原因如下：实物投资的交易、储存以及交割成本较大，高于其分散风险所带来的好处。单一期货仅能作为该所属行业的相关企业进行风险对冲的工具，不能有效地、全面地对冲整体市场风险。

随着指数的诞生和广泛使用，产生了各种以指数为标的的金融产品。这些指数投资工具大多通过在期货市场建立相应头寸来模拟指数所代表的一篮子资产或商品。因此，指数化投资工具与期货市场在一定程度上呈现出相互促进、共同发展的态势。指数化投资工具可以大致分为四种类型：指数期货和期权（Futures and Options）、指数基金（Commodity Index Funds）、指数交易所交易产品ETP（Exchange Traded Products）和场外指数互换（OTC Swap）。

1. 指数期货和期权

指数期货和期权实行保证金交易，可以进行买多卖空操作，采用现金结算。根据指数构成种类和数量的不同，指数可以分为综合性指数、分类指数和单一指数。目前，上市的综合性指数期货及期权有各类股票指数、债券指数、汇率指数、CRB指数、高盛指数和道琼斯-AIG指数等。分类指数期货及期权有各分类股票指数、债券指数、汇率指数、LMEX指数等；单一指数期货及期权有房地产指数及农产品指数等。指数期货和期权有金融和期货的特征。

2. 指数基金

指数基金是以市场中某一指数为基准，通过复制指数的方法建立一篮子资产或商品组合，并跟踪指数变化的投资基金。指数基金可以使用资产或商品期货合约来严格复制基准指数的表现，或选择同其他机构进入一个以资产或商品指数为标的的 OTC 掉期合约来获取指数的回报。指数基金一般是机构投资者为了分散风险和构建多样化投资组合，通过直接参与资产或商品期货市场或者 OTC 掉期交易来涉足资产或商品投资的工具。投资指数基金的机构投资者主要有养老基金、捐赠基金等。这类基金接受机构客户的委托，对指数表现进行复制，并收取管理费。

3. 指数 ETP

德意志银行和贝莱德集团(Black Rock)将指数 ETP 定义为开放式的、Delta 为 1 的、不内嵌期权的在交易所交易的权益类或债务类金融工具。一般可以分为四种类型：交易所交易基金(Exchange Traded Fund，ETF)、交易所交易型商品(Exchange Traded Commodity，ETC)、交易所交易型票据(Exchange Traded Notes，ETN)和交易所交易型工具(Exchange Traded Vehicles，ETV)。此外，按照跟踪标的物不同，又可以将指数 ETP 划分为单一 ETP 和指数 ETP。

(1) ETF

ETF 一般以信托方式组建，法律结构、运作模式等均类似于股票/指数 ETF。股票/指数 ETF 通过跟踪指数，获得与基准指数相近的收益率，并通过 ETF 一级市场和二级市场的套利交易机制消除净值与市值误差。由于门槛较低，买卖容易，ETF 更受散户投资者的欢迎。

(2) ETN

ETN 是由投资银行或金融机构发行的一种无担保的票据，由发行机构承诺在票据期满时向投资者按一定金额偿付，偿付金额与特定的指数表现挂钩。ETN 和 ETF 有很大区别：ETN 对应的只是一份发行商无担保的承诺，其偿付安全性完全取决于发行商的信用；而 ETF 对应的是资产，持有人在清盘时可以按照资产净值得到偿付。相比 ETF，ETN 的好处在于：①没有跟踪误差，能准确反映跟踪指数的涨跌；②在税收方面，ETN 只在期满时一次性偿付，一般不需支付分红所得。

(3)ETC

第一只 ETC 诞生于 2003 年，早于 ETN，其主要市场在欧洲。在美国，ETC 有时也被称为 ETF。ETC 是由投资银行发行的债券类产品，其收益率与标的资产挂钩，并承诺给投资者完全相同或数倍于(杠杆型产品)标的指数的收益率。ETC 与 ETN 的主要区别在于：①ETC 一般连接的是单一或一篮子的价格，而 ETN 可以为资产。②在对手方风险方面，尽管标的都是债券形式，但 ETC 为资产支持证券，通常有物理资产或商品等实物或契约抵押，对手方风险明显较低。

(4)ETV

ETV 是指以委托人信托方式发行的 ETP。ETV 与 ETF 的区别在于：①ETV 份额持有人具有直接的标的资产所有权，而 ETF 不具有；②ETV 遵从《1933 年美国证券法》，而 ETF 则是在《1940 年投资公司法》下注册的，前者所受的限制更多。

(5)单一 ETP 和指数 ETP

单一 ETP 跟踪单一的现货或者期货价格，一般为贵金属，如黄金现货 ETF、黄金期货 ETF 等。指数 ETP 跟踪总指数或者子指数，如 DB 指数 ETF、DB 能源指数 ETF 等，一般持有的基础资产为一篮子期货合约。

4. *指数互换*(OTC Swap)

指数互换是指互换当事人约定在未来某一时期内相互交换以指数为标的的现金流量的协议。互换交易商主要由银行和其他大型金融机构组成，它们是连通 OTC 市场和期货市场的桥梁。芝加哥商品交易所(Chicago Mercantile Exchange，CME)上市了标普高盛商品指数和道琼斯-瑞银商品指数的一系列场外互换产品，如 S&P GSCI Excess Return Swaps、Dow Jones-UBS Commodity Index Swaps 等。由于互换合约高度个性化和缺乏流动性，互换交易商在互换交易中承担暴露风险，需要利用其他手段来对冲互换交易风险，如其他互换合约、现货市场头寸和期货合约。

在上述指数衍生品中，机构投资者(养老基金、对冲基金、主权财富基金等)主要采用指数基金和场外指数互换；个人投资者主要通过指数交易所交易产品参与指数投资；提供指数工具的金融机构为了规避风险，直接参与与指数对应的期货合约的交易。

三、指数衍生品对期货市场的作用

第一，指数衍生品有利于拓宽投资者的投资渠道。指数衍生品是一种利益共存、风险共担的集合投资方式，也是一种跟踪指数的投资，还是一种将投资收益按基金投资者的投资比例进行分配的间接投资方式。指数衍生品具有集合投资、专业理财的特点，交易成本低，收益率高，风险分散。从国际期货市场来看，指数衍生品由于指数收益率高于股票指数和债券指数，大大吸引了养老、保险等机构和个人投资者。指数衍生品已成为国际期货市场的重要投资力量。我国发展指数衍生品可以增加投资者财富保值和增值的手段，大大拓宽投资者的投资渠道，提升我国期货市场的发展实力与国际地位。

第二，指数衍生品有利于市场稳定。美国商品期货交易委员会（CFTC）披露的指数衍生品投资方法如下：指数衍生品有利于机构投资者将其投资按预先设定的比例投资到单一组合中，每一比例按照其跟踪指数规定的该标的的权重确定。当某一指数衍生品价格上涨或下跌时，基金经理调整仓位保证每一持仓保持其预设比例。这个指数的变化与价格的变化成反比，因此当特定的价格上涨时，基金经理将减少对该标的的持仓，并将资金投资到其他资产类别；当特定指数衍生品的价格下跌时，基金经理会将资金从其他资产类别中抽离而增加该指数衍生品的持仓。指数衍生品积聚散户资金，以机构投资方式入市交易，采取专业投资操作手法。因此，发展指数衍生品可以改善市场投资者结构，有利于发挥机构理财优势，提高期货市场理性投资和长期投资比重，解决我国期货市场现阶段以散户为主体产生的非理性投资方式导致市场行情大起大落的问题，从而起到稳定市场的作用。

第三，指数衍生品有利于提高市场定价效率，为宏观经济调控提供参考。指数衍生品是一种长期投资策略，按照指数平均年度增长率的信息采取被动买入方式建仓。因此，指数衍生品更关注整体物价水平和宏观经济面信息，向市场传导的是长期和宏观的信息；而个人投资者缺乏收集市场信息的能力，基本上是期货市场的噪声交易者。指数衍生品由于是专家在理财，收集市场信息的能力强，因此可以提高期货市场的定价效率，有利于及早发现经济系统风险，为政府宏观经济调控部门提供重要参考。

第四，指数衍生品能为社会保障体系建设提供支持。从发达国家的经验来看，指数衍生品是社保基金、企业年金等社会保障资金保值增值的重要投资对象。我国正处于借鉴外国经验、积极探索新型养老金制度的阶段，社保基金规模将会越来越大。根据有关国际金融机构的预测，到21世纪30年代末，中国养老基金规模将达到1.8万亿美元，养老基金规模的排名将达到国际第三位。社保基金的运作要求在保证本金安全的条件下，尽量实现最大的增值效果，而通过指数衍生品专业化的运作，社保基金可以在承担较小风险的情况下，获取较高的收益。在国外期货市场上，社会保障基金是指数衍生品市场中最重要的机构投资者之一。指数衍生品将成为我国社保基金主要的投资新方向，为社保基金提供较为安全的投资渠道，促进我国社会保障体系的建设与完善。

四、指数衍生品市场现状

(一)指数衍生品市场总体情况

随着2002年开始的全球超级牛市，指数化投资管理的资产规模呈现快速增长态势，这些指数基金主要投资于国际著名的指数，如各种股票指数、债券指数、TRJ/CRB、S&P GSCI、DJ-UBSCI、RICI、DBLCI等，其中S&P GSCI和DJ-UBSCI是目前商品指数化投资跟踪量最大的两个商品指数，占整个商品指数投资的85%以上。

2008年全球金融危机以来，指数衍生品市场的规模不断壮大，种类持续增加。根据行业组织美国投资公司晨星(Morningstar)的统计，全球指数基金行业规模在2019年11月底达到11.4万亿美元，而10年前指数基金的规模约为2.3万亿美元。下面我们以商品指数衍生品为例分析全球指数衍生品市场现状。

1. 指数期货现状

指数期货的上市虽然早于指数基金的推出，但指数期货交易的市场占有率并不高，资金规模也远小于指数基金，各期货交易所仍在探索更加适合的指数类型以及指数期货的市场推广模式。2005年以来，CRB指数期货平均每月交易量为1500张(单边)，平均每月交易额在4000万美元左右(单边)。市场情况比较好的是高盛指数期货。2005年至今，高盛指数期货平均每月交易5万张(单边)，每月交易额为40亿~50亿美元(单边)。

2. 指数基金

近年来，被动投资策略凭借低费率、透明度高、长期收益优异等优点获得了机构和个人投资者的广泛认可。指数基金产品在海外市场获得了快速发展，成为基金行业新的增长点。从存量规模上看，指数共同基金和ETF在美国基金总量中占比较高。从资产类型上看，股票型和债券型占比约为98%，其他类型占比较少。美国股票指数基金(包括股票指数共同基金和股票ETF)规模为41621亿美元，占全部指数基金的比例为80.84%；债券指数基金规模为8731亿美元，占比为16.96%；混合配置、商品等占比较低。目前，国内指数基金也获得了一定的发展，随着资本市场的逐步完善，指数基金未来发展空间巨大。

3. ETP市场现状

自2003年第一只商品ETP问世以来，全球ETP市场发展迅速，逐渐成为商品指数化投资的主要途径，尤其对个体投资者而言。东证衍生品研究院研究显示，截至2021年10月底，ETF是商品投资主要的投资形式。目前，全球存续的交易型开放式指数基金(ETF)规模为95718.14亿美元，主要由权益类和固定收益类构成，两者分别占77.97%和18.51%。其次是商品类ETF，约占1.96%，规模约1878.68亿美元。从规模上看，市场中主流的投资标的还是股票和债券两种传统资产。与传统股、债券相比，商品具有独特的收益特征，纳入资产组合能起到分散风险的作用，同时与全球宏观经济有紧密的联系，因而市场十分重视商品投资。

ETF已经成为最重要的商品投资产品类型。在商品类ETF中，贵金属类ETF规模最大，为1452.98亿美元，约占77.34%，其次是综合指数类和能源化工类ETF，规模分别为305.89亿美元和96.60亿美元。

(二)指数化投资市场最新发展

1. 指数ETF/ETN发展迅速

首先，以ETF基金形式为主的指数衍生投资工具大大降低了个人投资者进行指数投资的门槛，受到市场的欢迎。2006年2月，德意志银行推出了追踪德意志银行流通指数的ETF基金，并在美国证券交易所(American

Stock Exchange，AMEX）上市，成为全球首只指数 ETF 基金。在指数 ETF 基金成功以后，基于某类分项指数的 ETF 基金相继推出。德意志银行在 2007 年推出了基于德意志银行农产品指数的 ETF 基金。根据 Bloomberg 2021 年底统计数据，目前全球指数 ETF 基金已达到 246 只，资金管理规模约为 788.9 亿美元，成长速度十分惊人。

其次，以 ETN 出现为代表，指数投资直接推动了现代金融产品的创新。2006 年 6 月，全球主要 ETF 产品提供商巴克莱银行推出了跟踪市场指数的 iPath GSCI Total Return Index ETN（GSP）和 iPath Dow Jones-AIG Commodity Index Total Return ETN（DJP）。

ETN 允许个人投资者买入一种远期合约，该合约可以与大宗商品及包括石油等资产在内的一系列资产挂钩。ETN 和传统 ETF 基金有很多相似之处，但费率比共同基金低，而且监管限制比较少。此外，这种产品在交易所正常交易时间可以交易，投资者可以很方便地进行申购和赎回。

与 ETF 不同的是，买入一份 ETN 份额相当于买入一份巴克莱银行发行的 30 年期无担保债券，其回报率要低于所跟踪指数的回报率 40~75 个基点。巴克莱银行保证 ETN 产品与跟踪指数回报率一致，因此 ETN 产品不存在跟踪误差。ETN 持有人持有的是一种债务凭证，而且 ETN 份额在到期前并不发放任何收益。根据美国相关法律，如果 ETN 持有人一直持有到期，中间并不需要为未收到的收入交税，只有到期时，投资者才需要为最终所得交税，因此很适合作为税务递延账户的投资对象。当然，如果投资者中间卖出，则必须根据收益情况缴纳资本利得税。不过在风险方面，由于 ETN 投资者可能面临发行人的信用风险，ETN 产品风险要高于 ETF。

2. 指数衍生品创新竞争加剧

第一，指数的开发者之间竞争加剧。除了担当主力的各大交易所外，大型金融研究机构、银行、新闻机构等参与了指数的编制及产品的开发。

第二，指数产品的种类进一步增加，竞争更加激烈。传统的被动型指数已经没有太多的发展空间，指数的编制以及产品开发向更为灵活的主动型指数发展。

五、我国发展上市指数衍生品的优势

目前，我国已上市的 IF、IH、IC 合约等运行较为成熟，新上市的中证

1000股指期货和期权产品运行状况良好。其他特色类、风格类指数衍生品，比如创业板50指数衍生品、科创板50指数衍生品等，即将研究与上市，以满足投资者多样性的风险管理和对冲需求，进一步提升我国资本市场的国际竞争力和市场影响力，为资本市场服务实体经济提供衍生品对冲风险的支持。我国发展上市指数衍生品具有以下四个优势：

第一，我国期货市场流动性高。近年来，我国期货市场规模体量持续增长。中国期货业协会提供的数据显示，2022年上半年，期货市场累计成交量、成交额分别为30.46亿手和257.48万亿元，是2012年同期的6.17倍和3.78倍。2021年，我国商品期货成交量连续8年位居全球期货市场前列。如此庞大的交易规模，塑造了一个交易活跃、流动性高的期货市场，极大地缓解了指数衍生品交易量少的问题，促进了指数衍生品市场功能的发挥，保证其运行稳健良好。

第二，我国上市指数衍生品潜在投资者规模庞大。我国已经成为世界商品生产第一大国，在500种主要工业产品中就有四成以上产品的产量位居世界第一，制造业中间品贸易在全球占比约为20%。但是，近年来国际大宗商品价格波动引发的一系列风险已经给很多企业的生产经营造成极大困扰。现有套期保值工具的避险效果在日渐复杂的市场环境下略显逊色，还需要更多的上市指数衍生品来满足企业和机构投资者的风险管理和投资需求。可以预见，一旦指数衍生品在中国上市，就可以为期货市场带来大量套期保值者和投机者。

第三，我国消费市场发达。我国消费市场世界第一，特别是随着大资管时代的到来，居民对财富管理、资产配置的需求快速增长，指数衍生品正逐步成为居民进行长期资产配置的重要工具，也为消费潜力的释放提供了更有力的支撑。如果指数衍生品上市，可以为各类消费群体提供更好的支出管理和抗通货膨胀的工具，也可以为我国消费市场快速发展保驾护航，促使我国经济贸易规模不断扩大。

第四，我国期货市场风控体系持续健全。随着交易品种不断增加，价格发现、套期保值功能不断增强，法规制度不断健全，监管及风控水平不断提高，我国期货市场的整体运行质量和效率不断推升。2022年8月1日起实施的《中华人民共和国期货法和衍生品法》，补齐了我国期货和衍生品领域的法律“短板”，为规范行业和市场发展、保护投资者权益、推动市场功能发挥、更好服务实体经济提供了强有力的法律保障，也为指数衍生品上市交易孕育了良好的法律环境，使其能够在安全平稳健康发展的市场环境中顺利运行。

第二节　指数衍生品的应用

我们以在芝加哥商品交易所的电子交易平台 CME Globex 上市的明尼阿波利斯谷物交易所（MGEX）硬红春小麦指数（HRSI）、硬红冬小麦指数（HRWI）、软红冬小麦指数（SRWI）、国家玉米指数（NCI）和国家大豆指数（NSI）期货为例，介绍商品指数衍生品的应用。这些指数期货标的是国家指数，将以 MGEX 计算的现货指数三天平均值进行现金结算。

一、MGEX 农产品指数期货的指数编制分析

MGEX 农产品指数产品能为整个市场的交易商带来好处。这些产品具有提供广泛的价差交易、期权交易以及对冲基差的功能。这些指数期货标的由 Telvent DTN 从数千个转运站中投标获取的每个品种的全国平均价格或全国各地现货价格计算。基于全国原产地编制指数，Telvent DTN 每天收集全国原产地的投标，然后计算用于结算 MGEX 农业指数期货的指数。成千上万的投标者聚集在一起，使这些指数提供了全国的平均价格，这将使这些指数期货具有提供更精确的套期保值的能力。DTN 是美国领先的信息提供商，为美国农业、能源和其他天气敏感行业提供实时市场、新闻和天气信息服务。该公司通过 DTN 设立的全国信息系统，向农业、精炼燃料行业以及 DTN/Meteologix 上超过 12 万名用户提供能满足其实际需求的市场信息、现货价格、行业新闻深入分析以及特定地点的天气情况等信息。

DTN 每天收集近 700 份硬红冬小麦的投标书、325 份硬红春小麦的投标书、550 份软红冬小麦的投标书、2450 份玉米投标书和 2250 份大豆投标书，这些投标书来自全国各地的转运站，从而保证了指数期货现金结算标的指数能够真实地反映特定商品在现货市场的价格，并且有广泛的现货市场参与群体保证市场参与者绝不可能操纵指数。DTN 每天在其数据传输系统的“谷物”部分发布 NCI 和 NSI 等指数。所有五种衍生品的每日现货指数及指数所载的价格采集投标数目，均由明尼阿波利斯谷物交易所从 DTN 获

取。这些指数是原产地定价——DTN 每天收集转运站报价，然后计算出的现货指数。当指数期货和期权到期时，具体期货和期权结算价根据当月最后三个交易日的指数值的简单平均值结算。

二、MGEX 农产品指数期货合约和规则规定

交易时间：NCI，NSI，HRWI，SRWI，HRSI，芝加哥时间每周日下午 7：00 至下周五下午 1：45。

合约单位：5000 蒲式耳。

合约月份：12 个自然月。

标的资产：NCI 的标的基于美国 2 号黄玉米、NSI 的标的基于美国 1 号黄大豆、HRWI 的标的基于美国 1 号硬红冬小麦、SRWI 的标的基于美国 2 号软红冬小麦、HRSI 的标的基于美国 1 号硬红春小麦，所有指数均为 Telvent 计算并确认。

最小价格波动幅度：1/4 美分/蒲式耳（0.0025 美元）或 12.50 美元/合约。

价格限制：NCI 35 美分/蒲式耳；现货月无限制；NSI 80 美分/蒲式耳；现货月无限制；HRWI、SRWI、HRSI 60 美分/蒲式耳，现货月无限制。

头寸限制：NCI 13500 单月/结算月；22000 各个月合并；25 手可报告级别 NSI 6500 个单月/结算月（最后 5 个交易日的限额为 5600 个除外）；10000 个所有月合并；25 个可报告级别 HRWI 5000 单月/结算月；6500 个所有月合并；25 个可报告级别 SRWI 5000 个单月/结算月（最后 5 个交易日的限额为 2750 个除外）；6500 个所有月合并；25 个可报告水平 HRSI 5000 单个/结算（在最后 5 个交易日，限额为 3400）；6500 个所有月合并；25 个可报告水平。

最终结算日：发生在最后交易日后的下一个营业日。

结算：现金结算基于结算月最后三个交易日公布的 NCI、NSI、HRWI、SRWI 或 HRSI 价格的简单平均值，并四舍五入到最接近的 1/4 美分（0.0025 美元）。

三、利用指数期货和期权管理价差和基差

MGEX 农产品指数期货和期权在 CME Globex 上交易，延长了交易时间

且即时执行，改善了流动性，具有雄厚的市场基础。价差和基差的交易者可以通过简单地买卖指数期货和期权与可交割对应的传统期货和期权中执行相反的交易来创建一个综合基差头寸。传统的交割结算小麦期货有三个市场和三个独特的价差。

指数期货和期权的推出为基差和价差交易提供了机会，基于指数的小麦期货合约将可能的小麦价差从 3 个增加到 15 个。无数的潜在价差为交易员和对冲者提供了许多独特的机会。指数合约对交割现货求价差，以复制基差头寸；指数期货和期权使得原产地合约与消费地合约可以计算基差。指数合约的类别价差也可用于管理跨类别风险。随着可用价差的大幅增加，交易员无疑会找到许多独特的方法来管理其采购风险。此外，小麦加工商可以通过推广小麦指数合约来管理小麦品种之间的风险，比如蛋白质溢价水平。交货过程不影响这些合同，它们的价格代表基本商品的明确商业报价，指数产品可以提供利差。

MGEX 指数期货和期权为小麦、玉米和大豆交易商创造了机会——通过使用期货在两个不同的合约之间创建合成基差头寸，从而更好地管理基差。由于当地需求、运费和其他因素的不同，同一种商品的原产地价格可能相差很大。这个价格通常与期货价格挂钩，两者之间的差异被认为是基差。指数产品与其基础现货市场相关，因此可以通过交易指数期货与其相应的可交割合约之间的价差期货来对冲基差。在期权对冲基差上，一个交易者可以在买入一个现价的指数看涨期权的同时卖出一个现价可交割合约看涨期权，从而保护基差头寸。这是因为，低价格的期权合同会产生“信贷”交易者。

指数期货和期权合约每月到期，交易者可以将期货和期权到期与现货交易日期紧密匹配。这将产生更好的对冲效果，并具有避免购买不必要的时间价值和购买所需要保值产品的灵活性的好处。例如，4 月 1 日一个交易者想要对冲一个预计在 9 月 30 日发生的现货玉米交易。如果交易员使用可交割玉米合约，对冲将在 8 月进行，因为 9 月期权合约将于 8 月到期。不过，如果有 NCI 的选择权，将可以在 9 月对冲。在这个例子中，交易者通过使用 NCI 9 月期权来节省资金，因为时间价值是期权价格的重要组成部分。期权离到期时间越远，成本就越高。

经过市场检验的历史业绩、交易证明，在同等市场条件下，与基于交割的期权相比，指数期权成本更低，并具有明显的运营优势。研究表明，基于 MGEX 的指数期权相较于可比的基于交割的期权，可节省 1~4 美分（约 10%）。较低的价格加上运营优势，使得指数期权成为首选的对冲工具。

四、指数期货和期权运用效果

（一）无交割问题

当指数期货和期权到期不进行实物交割时，它们最终结算为现金价值。与传统实物交割相比，现金结算更能代表标的商品的国家现货价格。无实物交割也意味着没有交货规格、储存成本、级差或装船成本等各类成本。

（二）精确对冲

所有的日历月都有合约交易，交易员可以在小麦指数期货合约中准确对冲自己的需求，或者使用期权只为需要的月份支付溢价。同时，到期期货和期权结算日为该月最后 3 个日历日。也就是说，买进或卖出的期货和期权将在当月最后日到期，而非传统期货在当月月中和期权在前一月底到期，使得对冲者更能精准对冲自己头寸。指数期货和期权密切跟踪国家价格，因为当地标的是期货合约结算价格的一部分。对于对冲者来说，这意味着他们的期货头寸将更好地反映现货头寸，并提供更准确的对冲。

（三）期货和期权定价优势

指数合约代表国家转运站价格，即从产地到终端市场价格都包含了产品从转运站到市场的运输支出。在所有其他因素相同的情况下，这意味着实物交割期货的成本比现金结算的指数期货高。由于指数期货和期权交割月全月交易，交易者可以将期货和期权与现货交易日期更紧密地匹配起来，从而获得更好的对冲，避免购买不必要的时间价值。同时，指数期货和期权与传统期货和期权合约的同期交易创造了交易优势，为交易者提供了指数期货和期权与传统期货和期权之间新的价差交易机会。当到期日和波动率相等时，指数期货和期权比基于实物交割的期货和期权具有纯价格的优势。

（四）降低基差波动的能力

所有指数产品以电子方式进行交易，并会得到交易所的完全支持。交易所提供风险管理服务，指数期货和期权合同的流动性和价格优势为从生产者到投机者的所有市场参与者提供了价差交易机会。与传统的实物交割合约相比，指数期货跟踪现货市场的价格更为频繁，为在某个国家和市场之间准确地建立对冲交易提供了基础。

第三节 指数衍生品创新——ETF

为了方便投资者投资指数，国际市场上出现创新型的 ETF 产品。这类 ETF 是一种由国内或国外资产管理公司发行基金产品，在证券市场上市，通过跟踪指数进行一揽子投资以吸引投资者购买的基金产品。本节将对这类 ETF 进行理论和实践方面的探究。

一、ETF 的内涵

ETF 即交易型开放式指数基金，通常又被称为交易所交易基金，是一种在交易所上市交易的、基金份额可变的开放式基金。ETF 既可以在交易所上市交易，又可以用一篮子指数成分股实物进行申购和赎回。可以说，成功的 ETF 产品本质上就是指数现货。ETF 凭借其巧妙的产品设计，在海外市场获得了巨大成功。1993 年 1 月美国第一只标准 ETF 产品 SPDR（S&P Depositary Receipts）在美国证券交易所（AMEX）上市至今，该产品获得了惊人的发展。

与传统的开放式基金和封闭式基金不同，ETF 产品具有以下四个特点：

第一，兼具开放式和封闭式基金的特点。ETF 既可以像封闭式基金一样在交易所上市交易，又可以像开放式基金那样进行申购和赎回。但与开放式基金不同，ETF 的申购是指投资者用指定的一篮子指数成分股实物（开放式基金用的是现金）向基金管理公司换取固定数量的 ETF 基金份额（赎回则相反）。

第二，一、二级市场具有不同的交易单位。ETF 二级市场交易单位一般为 10 份基金单位（1 手）。ETF 一级市场的交易单位，通常称为“申购基数”，往往达到几万甚至几十万份基金单位，市价总值约为几百万到几千万本地货币单位。

第三，一、二级市场间存在套利机制，使得 ETF 折溢价幅度很小。由于 ETF 采取实物申购/赎回模式，所采用的一篮子股票（实物）构成在交易日当天是固定的（其成分和比例同 ETF 跟踪的指数构成一致），因此 ETF 的申购/赎回原则上可以在交易所交易时间内完成。与此同时，由于 ETF 和其所代表的一篮子股票都在市场上交易，两者之间又可以实时转换，这样就存在套利的机会。例如，当 ETF 出现折价交易，即 ETF 二级市场价格低于实时基金净值时，套利者可以在二级市场买入 ETF，达到申购基数规模要求后，到一级市场赎回一篮子股票（“基金换股票”）然后卖出，从而获利。

第四，ETF 通过跟踪拟合某一特定市场指数来保证该产品的吸引力，因为这样可以方便套利，降低管理成本，吸引大众投资。

二、ETF 的作用

第一，可以促进指数期货的推出。ETF 上市迫切需要相应的指数期货的推出，以为其提供套期保值工具，而指数期货同样是财富管理工具，尤其是抗通胀工具。指数期货因其市场整体化，可以更好地体现相关市场整体的价格变化趋势，同时组合性产品的波动率也会降低，使市场参与者对价格走势的研判更趋理性，有助于企业更好地洞察市场，作出科学合理的生产经营决策。ETF 的引入，为指数期货创造了上市条件，同时实现了更多参与主体的广泛参与，可以更好地实现指数期货市场的价格发现功能。

第二，可以引入套利者。ETF 上市会为国内期货市场带来大量套利者。金融衍生品的主要作用是风险转移，从参与者角度看，要让金融市场平稳运行，必须给套期保值者找到足够多的低风险投机者。投机者太少，这个市场本身的运行就不会很平稳。ETF 上市后，一二级市场的价差收益必将为机构投资者购买基金产品提供动力，必将推动国内期货市场已上市品种投机力量的形成，从而为套期保值者规避风险创造了可能。

第三，能够增加市场中机构投资者的数量。国内期货市场 90%以上为个人投资者，与之相比，国际成熟期货市场的投资主体是机构投资者。散户占比高，带来了市场的非理性情绪，如追涨杀跌、跟风炒作，这也是国内期货市场不稳定的主要原因。ETF 上市后，可解决国内期货市场结构偏失问题，将为国内期货市场稳定长远发展打下基础。

第四，可以扩大我国期货市场规模。ETF 上市后，由于其资金实力强，交易所的各种期货合约的投资规模将不断壮大，新产品也会层出不穷，将助推国内期货市场迎来新的发展高峰。

第五，可以促进国内 ETF 的发展。近几年，ETF 在国内期货市场“出镜”频繁，有着不错的发展趋势。与此同时，众多机构纷纷选择 ETF。ETF 可能是当下最好的投资工具。然而，我国国内期货市场 ETF 发展较晚，且相较于欧美市场尚处于萌芽阶段。随着 ETF 上市，其参与期货市场的需求也在增加。这些跨境投资机构投资管理经验先进、投资规模巨大，金融衍生品对于保护投资者现货资产、平抑资产价格波动等具有积极作用。这些机构所运用的衍生品工具主要是期货，而 ETF 带来大量成熟资金和先进经验。ETF 上市后，必将促进国内期货市场的发展。国内 ETF 获得稳定投资的先进经验，满足机构对场外衍生工具的需要，可以促进国内期货市场的发展和 ETF 的增长。

三、全球市场 ETF 基金运行情况

从 1993 年全球第一只 ETF 成立到 2009 年 ETF 规模首次突破万亿美元，全球 ETF 市场经历了 17 年的成长；而到第二个万亿美元，全球 ETF 市场发展仅用了 4 年时间；此后，ETF 规模呈加速增长态势，2019 年突破 6 万亿美元，2021 年首次突破 10 万亿美元。此外，得益于全球资产管理行业的整体增长，ETF 在全球资产管理行业管理规模中的占比由 2014 年的 4.1%增至 2020 年的 7.5%，ETF 产品在资管行业的渗透率在不断提升。

从 ETF 投资的资产类别来看，全球 ETF 产品包括权益、固定收益、商品、另类资产、货币等。其中，股票 ETF 依然占据主导地位，规模已经突破 8 万亿美元，在全球 ETF 资产规模中占比 79%。债券 ETF 规模增长迅速，达到 1.83 万亿美元，稳居规模第二位，占比 18%；商品 ETF 规模达 1876 亿美元，占比 1.8%。股、债 ETF 总体占比 97%，是最主要的投资资产。

从管理人的角度看，全球前三大 ETF 管理人均为美国的资产管理公司，分别为 Blackrock、Vanguard 和 StateStreet。其中，Blackrock 管理的

ETF 产品数量多达 984 只，2021 年规模合计 3.30 万亿美元，占全球 ETF 规模的 32%。Vanguard 的产品数量远远少于 Blackrock，仅有 176 只产品，规模约为 2.23 万亿美元，占全球 ETF 规模的 21%。全球仅这两家管理人的 ETF 规模超过万亿美元。

放眼国内市场，我国的 ETF 数量和规模均创新高。截至 2021 年底，境内市场共有 629 只 ETF 产品上市交易，资产规模达 14046.32 亿元。其中，非货币 ETF 有 602 只，资产规模为 11100.85 亿元，占境内 ETF 产品总规模的 79.03%。从产品类别来看，权益类 ETF 占主导地位，有 520 只，资产规模达 9472.39 亿元，占境内 ETF 总规模的 67.44%。根据 Wind 分类，宽基指数 ETF 产品规模占比最高，占权益类产品总规模的比例接近 50%。宽基、主题、行业、策略和风格指数 ETF 占权益类产品总规模的比重分别为 49.63%、29.64%、19.29%、1.41% 和 0.03%。货币、跨境股票、商品和债券 ETF 资产规模依次递减，分别为 2945.47 亿元、1099.85 亿元、288.96 亿元和 239.64 亿元，规模占比分别为 20.97%、7.83%、2.06%和 1.71%。

四、ETF 的运行机制

(一) 发行赎回机制

ETF 的发行赎回采用现金替代形式，这是不同于股票 ETF 的最鲜明特点。ETF 可以全部采取随时申购和赎回机制——只要满足最小申购赎回单位的条件，可以随时申购赎回其基金份额。在一级市场申购 ETF 基金，申购成功后，不用等基金到账，当天就可以在二级市场上抛出，实现“T+0”交易。每个基金都设定最小申购赎回单位，最小申购赎回单位数量限制比较高，一般为几十万到 100 万以上份额不等。ETF 申购赎回只能以现金形式，发行规模不受限制。

(二) 二级市场交易机制

ETF 全部可以实现二级市场的 T+0 回转交易，即当日买入当日即可卖出，获得基金份额的投资者可以通过二级市场买卖基金份额，二级市场上每个基金购买的最小单位都是 100 份。可见，参与 ETF 二级市场交易的资金门槛非常低，大量中小散户可以自由进入，这大大提高了这些 ETF 在二级市场的交易效率——投资者可以在一天内多次买卖赚取价差。二级市场交割机制为投资者提供了大量一二级市场套利机会，有利于吸引机构投资者购买基金产品。

(三)投资机制

在投资机制上，ETF 基金公司投资跟踪的是由我国编制的指数，它们可以将该指数作为跟踪对象，以对应指数构成的期货品种为投资标的，一般采用被动投资管理方式；也可采用主动投资管理方式，建立一篮子投资组合，长期跟踪指数变化，获取我国指数上涨的收益。通过如上创新的产品设计，ETF 为各类机构与个人投资者降低了进入中国内地期货市场的门槛，并提供了投资的渠道。

(四)参与机制

跟踪不同国家指数而进行投资的 ETF，由于可进行全球资产配置，管理方式简单，运营成本低，其价格走势始终与指数走势一致，可以帮助投资人达到在保持收益率不变的情况下降低风险的目的，是各类机构投资者进行长、中、短期投资的良好投资对象。同时，由于可以直接从 ETF 基金公司获得申购赎回的份额以实现投资收益，从全球 ETF 的投资者构成来看，主体为机构投资者。中小投资者由于资金实力弱，很难直接从 ETF 基金公司获得申购赎回份额，只能在二级市场上投资 ETF 基金。借助 ETF，机构投资者可以衍生发行挂靠 ETF 的子基金——联接基金，一方面满足自身吸引资金的需要，另一方面有助于绕开监管发行和投资限制，间接实现对指数的跟踪。因此，ETF 成为大型金融机构进行全球资产配置的主要工具。

(五)操作机制

投资 ETF 可以避免 QFII 资格限制，无须期货换仓、交割的复杂操作。在我国内地期货市场，ETF 操作机制简单，费用也比期货基金的管理费低很多，和封闭式基金一样没有印花税，投资成本低，因此利用 ETF 可以引入大量国外投资者。

五、ETF 的投资策略

(一)战略资产配置

战略资产配置是指根据投资需求，对不同类别资产作出长期配置比例决策，以提升风险调整后收益的一种组合投资策略。现代投资理论认为，在投资组合中加入低相关性的资产，能够在不影响组合预期收益的前提下降低波动性，从而提升风险调整后收益。由于自然禀赋、政治体制、经济发展目标的不同，海外经济体的经济周期与中国存在一定差异，因此在组合中适当加入跨境投资品，能够显著平抑组合的净值波动。战略资产配置的投资期限相对更长，投资者可以基于有效边界理论，对 ETF 所投资国家和地区的基准指数进行分析，计算其长期期望收益率、期望方差以及协方差，通过最优化的方法得到满足自身风险收益需求的最佳配置比例。该投资方法适合于养老金、企业年金、员工福利计划等投资期限较长的机构投资者。国外巴克莱银行研究发现，在通货膨胀上升时期，商品、股票和全球债券这三种资产中，商品的收益率表现最好，特别是在通货膨胀高且其处于上升时期时，股票和全球债券的报酬率为负数，但此时期商品收益率是表现最好的时期。在通货膨胀高且其处于下降时期，商品收益率最差，为负收益率，而股票权益资产的收益率相对较好。因此，养老金、企业年金、员工福利计划等投资期限较长的机构投资者更喜欢该投资方法。

（二）战役资产配置

战役资产配置是指在一个合适的周期内选择特定不同地区的不同跨境指数进行资产配置的投资策略。该投资策略可以满足投资者在固定收益或要求回报率下最低组合风险的要求，故而为一般基金所喜爱。这些基金使用最优化技术确定各标的的最佳战役期限配置比例，定期根据更新的数据重新计算最佳配置比例，如果变动超过一定幅度，则进行相应调整。

（三）战术资产配置

战术资产配置是指在确定战役资产配置后，如果投资者希望通过主动管理来提升组合收益，可以根据各经济体景气度及估值水平的差异，动态地在各产品间进行比例调整的配置策略。相对于战役资产配置，战术资产配置的投资期限更短，对交易成本也更加敏感，更为指数基金这种流动性较高的基金所喜爱。

六、ETF 的监管体制

ETF 基金可以公开无限量申购赎回，不像一般产品那样受发行份额的限制，因此颇受市场欢迎。ETF 刚出现时，没有任何监管。不过，美国监管机构对 ETF 基金做过调查，认为 ETF 具有操纵期货市场价格行为，于是对该类基金进行了限制。10 年前，指数基金刚出现时，受到大型机构投资者的欢迎，如养老金、捐赠基金等，这些机构追求股票、债券和商品的多元化均衡投资。因此，指数基金一直在一篮子资产中保持上涨趋势。10 年间，流入原油和其他商品期货指数基金的巨额资金流是否正将商品价格抬得更高的问题受到广泛关注，这些基金因销售规模扩大和价格飙升而备受指责。在各界激烈的争议中，CFTC 对这类基金的界定也是摇摆不定。CFTC 于 2007 年石油期货价格不断创出新高时开始监控和指数相关的金融工具的资金流入状况。2008 年国际金融危机爆发后，美国和欧盟对指数基金都制定了新的监管约束法规。随后，美国国会就指数基金的作用开展了听证会。鉴于投资者投入的数额会带来法律挑战，美国监管方于 2011 年对指数基金投资数额作出限制。

（一）对基金经理人发行和管理 ETF 的监管

对基金经理人发行和管理 ETF 的监管如下：在美国，CFTC 规定，所有参与交易的基金必须在 CFTC 注册，传统以交易池形式进行交易的基金必须在 CFTC 注册，一些涉及交易但已在 SEC 注册的基金免于注册。自 2012 年开始，所有进行交易的基金必须在 CFTC 注册，以提高机构投资者的管理能力，监管流入期货市场中的指数基金的资金规模。

对基金经理人管理募集资金投资的监管如下：欧盟和美国监管机构对 ETF 都会设定被动的投资管理方式，只有经过监管机构批准，才可以由经理人选择采取主动方式，而欧盟和美国都对基金经理人的杠杆式卖空进行了严格限制，以防止基金经理人变相卖空操纵期货市场价格。欧盟的《另类投资基金管理人指令》和美国的《多德-弗兰克法案》（全称《多德-弗兰克华尔街改革和消费者保护法》）也有明确规定。此外，这些法规还对基金经理人的注册条件、操作规范、风险控制和投资者保护作了详细规定，以防止类似 2008 年国际金融危机的黑天鹅事件再次发生。

（二）对指数基金严格限仓规则的约束

2013 年 12 月，CFTC 发布新的限仓规则：将限仓品种范围由原来的 9 个农产品扩大为涵盖农产品、金属、能源的 28 个核心实物。指数基金受到联邦限仓规则严格限制：对交割月、次交割月和一般月份合约，实施差异化的限仓水平。对于交割月合约，其限仓水平由交易所的限仓水平决定，实物交割与现金交割区别对待；对于次交割月合约，限仓水平是品种可交割量的25%；对于一般合约，实行阶梯限仓规则。

（三）互换交易商只能有条件获得限仓豁免

在金融危机爆发以前，互换交易商获得限仓豁免的条件比较宽松。2013年12月，CFTC发布了新的限仓规则，将“真实套保豁免”申请条件修改为：①合约是为了抵消现货、即期或远期商业行为可能面临的价格风险；②合约以有序的方式买卖并符合合理商业行为的要求。修改后的新规则在限仓豁免条件上比旧规则大大收紧，只是有条件地给予互换交易商一定的限仓豁免。

（四）增加ETF投资持仓报告和统计规定

从2007年开始，CFTC将指数基金单独列出，与套期保值资金和投机资金并列，并在每周公布的持仓报告中增加指数交易者的头寸情况，同时公布“指数投资数据”，统计大型指数交易者在场内外的全部投资规模。“指数投资数据”统计了大型指数交易者在场内和场外指数化投资的总体规模，列出了市场中净名义头寸大于5亿美元品种的多、空、净头寸价值及等价的期货合约张数。“指数投资数据”覆盖的大型指数交易者包括43家机构，其中有16家是CFTC认定从事大规模指数互换的互换交易商，14家是已知的指数基金（包括基于指数的资产管理公司和ETF及ETN的发起者），剩余的13家是不确定其是否进行大规模指数互换的大型互换交易商。公布“指数投资数据”的目的是在一定程度上提高指数基金期货市场交易行为的透明度。

（五）对托管银行在ETF净值计算方面的监管

由于国外期货市场开盘的时间和中国不一样，国外当日收盘时国内已经是第二日早上，ETF无法及时公布前一交易日的净值。因此，T日公布的是T-2日的收盘净值，按照T-2日收盘数据以及T-2日汇率计算得出。基金公司为了估算T日交易时的实时净值，要在公布的T-2日净值的基础上加上T-1日的指数变动因素以及T-1日和T日的汇率变动因素。同时，

ETF 产品的资产托管银行也要进行当日净值的计算并与基金公司核对，以防止投资人损益出现偏差，也起到保护投资人利益的作用。如果托管银行计算不准，会给投资人带来损失。因此，国外银行监管机构应对托管银行制定相应对账机制和失误赔偿标准，以监管托管银行的托管行为，保护国外投资人的利益不受损失。

第四节 指数衍生品的作用及发展思路

近 20 年来，常见的系统性经济风险有美国次贷危机引发的全球金融危机、美国与中欧等国家(地区)的经贸摩擦引发的全球经济下滑、新冠肺炎疫情引起的全球经济紧缩。这些系统性经济风险会带来人口失业、商品滞销、收入大减、经济下滑等负面经济效应。在这类系统性经济风险发生时，指数衍生品市场能起到保证销售、稳定收入、保持就业、维持经济增长的作用。比如，在 2008 年的全球金融危机中，利用指数衍生品市场套期保值的机构和企业都没有出现损失，保持了正常生产经营，相关行业受到的冲击也很小。由此可见，指数衍生品市场在对抗系统性经济风险方面确实有巨大作用。

一、指数衍生品的作用

(一)指数衍生品在对抗系统性经济风险中的作用

1. 助力企业规避经营风险

在系统性经济风险下，现货企业面临产品卖不出去、下游需求减少的问题，在市场上存在销售断层。那么，该如何帮助企业降低库存、提高经营收入、保持正常的利润水平呢？可以发挥指数衍生品的风险管理功能。在价格下跌时，企业可以将未来的资产或商品在指数衍生品市场进行套期保值——一卖一买就可以锁定利润，实现现货企业稳定经营的目标。这样启动了产业的起始点，带动上游起始点的企业开始生产，进而极大地带动整个产业扩大生产、提高产能，从真正意义上发挥指数衍生品市场对实体经济的保驾护航作用。当然，这要区分两种情况：一种是进口依存度大的品种，另一种是进口依存度小的品种。进口依存度大的品种，恢复正常生产带来的收益更大，更容易实现稳定经营的目标；进口依存度小的品种，能促使国内生产的收益增加，正常发挥指数衍生品市场的作用。

2. 助力社会增收

在系统性经济风险下，现货市场波动较大。例如，在新冠肺炎疫情突发阶段，现货的供给极不稳定，对现货的需求也不稳定，现货市场价格波动幅度巨大，市场机会很多。在国内投资渠道不多的情况下，可以通过吸引大量投资者来指数衍生品市场投资增加收益。但是，从目前情况分析，指数衍生品市场虽然专业投资团队比较多，但不允许个人投资者进入，还没有基金的大量进入。因此，利用市场波动大的机会，增加人民的收入，提高消费潜力，是目前解决经济发展需要关注的问题。

3. 助力中小微企业规模化发展

在系统性经济风险下，现货企业的发展受到限制，特别是中小微企业，其发展壮大受到资金支持不足的约束。利用指数衍生品市场的场外交易，可以极高的效率和极低的成本为中小微企业提供资金支持。目前，国外指数衍生品市场都是现金交割，可以让中小微企业很方便地利用交易所的交易系统，在全国和国际范围内搜寻交易对手，获得最佳成交价格，扩大资产或商品销售渠道，提高品牌知名度，满足扩大再生产的需求。中小微企业在发展期间，由于实力提升，会扩大再生产，但由于信贷资金发放的限制，很难获得所需资金。交易所的仓单回购交易，一方面可以扩大中小微企业的产品知名度，另一方面可以帮助中小微企业获得社会闲置资金的支持，提高资金实力。此外，“保险+指数衍生品”模式也可以为企业带来福音。中小微企业规模小，易遭受自然灾害、公共卫生事件的打击，有时不能正常获得生产收入，从而影响企业的连续性生产。中小微企业用指数衍生品市场“保险+指数衍生品”模式，既可以购买收入型保险，获得保险公司的赔偿，又可以充分发挥指数衍生品市场的优势，以极低的支出获得高额的补偿，满足其扩大再生产的需要。指数衍生品市场是服务实体经济的高级形式，利用广大企业的广泛参与，为所有参与者提供大量信息。各种未来发展的因素全包括在指数衍生品市场中，只要交易者参与其中，就会被信息海洋包围，各种机会就会呈现在眼前。系统性经济风险会将中小微企业和大众创业者与市场隔离开；而利用指数衍生品市场，通过在线平台，中小微企业和大众创业者可以实现与客户的对接，保证正常经营。

4. 助力实体经济绿色发展，提高国内整体经济发展潜力

指数衍生品市场最大的功能就是线上交易——所有的企业销售、风险管理、融资都是在线完成，而且交易标的都是交易所上市合约，企业只需要在电脑上操作，不需要实物形式的交割，就能完成几十万亿元的交易额。指数衍生品市场绝对是投入产出最高的地方，也是最绿色发展的地方。中小企业利用交易所线上交易，可以降低搜寻成本、信息成本和管理成本，解决信息不对称的问题。指数衍生品市场能实现系统性经济风险下企业的高效运转，大大有助于实现国内经济的高效运转、国民生产总值的低碳目标及人与自然的和谐发展。

（二）指数衍生品在服务“一带一路”倡议中的作用

1. 为“一带一路”贸易套期保值，促进各国经济发展

我国与“一带一路”其他经济体之间的贸易规模庞大，市场风险也大，从而使相关产业和企业面临亏损甚至破产的概率加大。指数衍生品可以为“一带一路”经济体的产业和企业提供套期保值的工具，帮助它们管理市场风险，锁定经营利润。

2. 吸引更多消费群体参与贸易，保证“一带一路”贸易稳定发展

“一带一路”各经济体的消费群体需要资产或商品贸易，如果资产或商品价格上涨，必然给各消费群体带来巨大的成本负担，影响支出效用。我国上市指数衍生品可以为“一带一路”各经济体的消费群体提供套期保值的权威和适合工具，帮助“一带一路”各经济体的消费群体管理支出风险，锁定支出水平，吸引更多企业和消费群体参与国际贸易，保证“一带一路”贸易稳定发展。

3. 促使相关金融产品日益丰富，推动有关国家金融市场的互联互通

指数衍生品是一种标准化的产品，可以衍生出与之相关的许多金融产品。我国上市指数衍生品可以为这些金融产品设计提供基础和手段。由于上述产品可以满足“一带一路”贸易发展的需要，必将通过金融模式推动各经济体的合作，推动有关国家金融市场的互联互通。

4. 促使各国发挥比较优势，帮助相关国家脱贫

指数衍生品可以保证各国之间贸易和商务活动的稳定，必然会促使

“一带一路”国家按照比较优势进行生产，然后将多余的产品进行贸易，这会促使各国大力发展本国特色产品，提高本国人民的富裕程度，实现脱贫和经济发展。

5. 培育“一带一路”投资者，实现全球经济的快速发展

指数衍生品对外开放后，可以培育“一带一路”的投资者。参与交易的“一带一路”国际投资者通过在我国期货市场交易，可以提高经营意识，壮大经济实力，改善结构，从而实现全球经济的快速发展。

二、指数衍生品的发展思路

（一）增加上市品种

从目前的产品结构来看，没有任何指数衍生品上市。虽然场外业务基本齐全，但上市的品种不够。应该加大农副产品和化工产品的上市力度，保证一些大宗品种首先在指数衍生品市场上市，其他一些生鲜农产品和小宗品种在场外市场上市。产品齐全，可以帮助企业和农户稳定生产和种植，扩展企业和农户发展壮大的渠道。

（二）加大新工具创新

应拓展新的场外领域，加快扩大仓单回购、互换、场外期权等市场规模，延伸现有指数衍生品工具系列与层次，建立服务国内经济的全经济链与产业链的指数衍生品服务体系，拓展指数衍生品市场服务境内外实体的广度与深度，满足我国经济提高国际竞争力的需要。

（三）加强技术系统和应用终端创新，提高服务企业和农民的能力

多品种的上市和多业务的推出，需要技术层面的支持，即在充分借助现代金融科技优化现有应用终端性能和功能的同时，根据创新指数衍生品的差异及投资需求变化创新开发高性能、多功能的交易系统和应用终端，提高其服务企业和农民的能力，提升指数衍生品市场的各种功能。

（四）机构化发展，提高创收能力

我国指数衍生品市场缺少基金等机构投资者，难以形成比较健全的投资体系。为提高我国居民收入水平，应允许国内投行、基金等机构投资者进入国内指数衍生品市场。同时，制定中国市场指数衍生品市场国际化发

展战略，不断创新国外投资者进入国内指数衍生品市场的中国特色模式，提高在各种情况下我国指数衍生品市场的创收能力。

（五）建立多层次市场体系，提升服务效率

国外发达经济体建立在多层次市场体系基础上，许多企业和金融机构都积极参与场内外衍生品的交易，市场经济的资源配置效率已极大化。我国指数衍生品市场国际化后，应加快建立多层次市场体系的步伐，满足国内外机构的各类合法交易需求，助推指数衍生品市场在更高层次上稳定运行，这完全符合市场经济运行规律，也有助于提升我国指数衍生品市场的服务效率。

（六）扩大整体规模，提高服务能力，实现竞争力的跨越发展

目前，我国指数衍生品行业的国际竞争力较弱。为提高指数衍生品行业的服务能力和实力，我们应在扩大规模、提高服务能力上下功夫，不断降低交易成本、创新服务模式，打造全产业链国际服务体系，吸引国内外投资者，提升指数衍生品市场的服务能力和实力，实现我国指数衍生品市场竞争力的跨越式发展。

我国指数衍生品市场应按照国家政策要求，不断激发自身经营活力，助推经济的快速发展。

参考文献

[1]汤弦．交易型开放式指数基金(ETF)产品设计问题研究[J]．金融研究，2005(2)：94-105.

[2]向中兴，邹昊．ETF的运行机制及引入我国的前景探讨[J]．经济论坛，2004(21)：103-104.

[3]张晨．基于情景模拟法的国债基差交易策略[J]．债券，2020(11)：32-36.

[4]张玉红，霍天翔，冯宗宪．场外金融衍生品交易市场的发展探析[J]．上海金融，2006(8)：44-46.

[5]中国期货业协会．场外衍生品[M]．2版．北京：中国财政经济出版社，2020.

[6]大卫·莫菲．场外衍生品：双边交易与集中清算——监管政策、市场影响及系统性风险导论[M]．北京：中国金融出版社，2019.

[7]ALEXANDER C. Common correlation and calibrating the lognormal forward rate model[J]. Wilmott, 2003(2): 68-78.

[8]AMINE J, MICHAEL R. Predicting tail-related risk measures: the consequences of using GARCH filters for non-GARCH data[J]. Journal of Empirical Finance, 2008, 15(5): 868-877.

[9]ANDREA ROZSA. Development of real option theory in the last 20 years[J]. Annals of the University of Oradea: Economic Science, 2016, 25(1): 698-709.

[10]AYCA A, ALEXANDER W. Are they still called late? The effect of notice period on calls of convertible bonds[J]. Journal of Corporate Finance, 2003, 11(1): 337-350.

[11]ANDERSEN L, BUFFUM D. Calibration and implementation of

convertible bond models[J]. The Journal of Computational Finance, 2003, 7(2): 1-34.

[12]AVITAL E. Sustainable finance? The environmental impact of the "equa tor principles" and the credit industry[J]. International Journal of Innovation and Sustainable Development, 2017, 11(2/3): 106-129.

[13]ARMIN J KAMMEL. Regulation and supervision of the OTC derivatives market[J]. Journal of Banking Regulation, 2019, 20(1): 113-114.

[14]ALEXANDRE M BAPTISTA. Options and efficiency in multidate security markets[J]. Mathematical Finance, 2005, 15(4): 569-587.

[15]ALI BORA YIĞITBAŞIOĞLU, CAROL ALEXANDER. Pricing and hedging convertible bonds: delayed calls and uncertain volatility[J]. International Journal of Theoretical and Applied Finance, 2006, 9(3): 415-453.

[16]PURIYA ABBASSI, BRÄUNING FALK. Demand effects in the FX forward market: micro evidence from banks' dollar hedging[J]. The Review of Financial Studies, 2021, 34(9): 4177-4215.

[17] DANIEL RAPPAPORT. Price discovery and energy risk, or how futures contracts are changing the energy markets forever: the case of the New York Mercantile Exchange[J]. The Journal of Risk Finance, 2000, 1(4): 33-42.

[18]ASIM GHOSH. Cointegration and error correction models: intertemporal causality between index and futures prices[J]. Journal of Futures Markets, 1993, 13(2): 193-198.

[19]BRÜHL VOLKER. The clearing of Euro OTC derivatives post brexit-why a uniform regulation and supervision of CCPs is essential for european financial stability[J]. Credit and Capital Markets-Kredit und Kapital, 2018, 51(3): 345-365.

[20] LI J X. Pricing dynamics of natural gas futures[J]. Energy Economics, 2019, 78: 91-108.

[21]BENT E SØRENSEN. Financial calculus: an introduction to derivative pricing[J]. Econometric Theory, 1998, 14(3): 365-368.

[22] BONBRIGHT JAMES C. Principles of public utility rates[M].

Columbia University Press, 1961.

[23] BAE SUNG C, KWON TAEK HO. Hedging operating and financing risk with financial derivatives during the global financial crisis[J]. Journal of Futures Markets, 2020, 41(3): 384-405.

[24] BRIAN D KLUGER, STEVE B WYATT. Options and efficiency: some experimental evidence[J]. Review of Quantitative Finance and Accounting, 1995, 5(2): 179-201.

[25] BARRY. Debt, risk and liquidity in futures markets[M]. Taylor and Francis, 2002.

[26] BAULE RAINER. Credit risk in derivative securities: a simplified approach[J]. Journal of Futures Markets, 2021, 41(5): 641-657.

[27] BEKAERT GEERT, ENGSTROM ERIC, ERMOLOV ANDREY. Macro risks and the term structure of interest rates[J]. Journal of Financial Economics, 2021, 141(2): 479-504.

[28] COLEMAN THOMAS, LI YUYING, VERMA ARUN. Reconstructing the unknown local volatility function[J]. The Journal of Computational Finance, 1999, 2(3): 77-102.

[29] CAROL ALEXANDER. Normal mixture diffusion with uncertain volatility: modelling short-and long-term smile effects[J]. Journal of Banking and Finance, 2003, 28(12): 2957-2980.

[30] ALEXANDER C, BARBOSA A. Hedging index exchange traded funds [J]. Journal of Banking and Finance, 2008, 32(2): 326-337.

[31] DESTRI C. On the continuous limit of the eight-vertex model[J]. Modern Physics Letters A, 1989, 4(27): 2595-2607.

[32] Reserve Bank of Australia. Regulators release feedback on financial institutions' preparation for LIBOR transition[J]. M2 Presswire, 2020.

[33] CAROL ALEXANDER, LEONARDO M NOGUEIRA. Model-free hedge ratios and scale-invariant models[J]. Journal of Banking and Finance, 2006, 31(6): 1839-1861.

[34] ALEXANDER C, CHEN X. Model risk in real option valuation[J]. Annals of Operations Research, 2021, 299(1/2): 1025-1056.

[35]CAROL ALEXANDER, ANDREW SCOURSE. Bivariate normal mixture spread option valuation[J]. Quantitative Finance, 2004, 4(6): 637-648.

[36]CHAO-CHUN CHEN, WEN-JEN TSAY. A markov regime-switching ARMA approach for hedging stock indices[J]. Journal of Futures Markets, 2011, 31(2): 165-191.

[37]C SHERMAN CHEUNG, CLARENCE C Y KWAN, PATRICK C Y YIP. The hedging effectiveness of options and futures: a mean-gini approach [J]. Journal of Futures Markets, 1990, 10(1): 61-73.

[38] CHRISTENSEN BENT JESPER, VARNESKOV RASMUS TANGSGAARD. Dynamic global currency hedging[J]. Journal of Financial Econometrics, 2021, 19(1): 97-127.

[39] CHRISTOS FLOROS. Price and open interest in greek stock index futures market[J]. Journal of Emerging Market Finance, 2007, 6(2): 191-202.

[40]CHOUDHRY MOORAD. Fixed income securities and derivatives handbook[M]. John Wiley & Sons, Inc., 2010.

[41]CORB HOWARD. Interest rate swaps and other derivatives[M]. Columbia University Press, 2012.

[42]DAVID J HIRSCHFELD. A fundamental overview of the energy futures market[J]. Journal of Futures Markets, 1983, 3(1): 75-100.

[43]DAVID S BATES. Jumps and stochastic volatility: echange rate processes implicit in deutsche mark options[J]. The Review of Financial Studies, 1996, 9(1): 69-107.

[44] DAVID S BATES. Empirical option pricing: a retrospection[J]. Journal of Econometrics, 2003, 116(1): 387-404.

[45]DAVID S BATES. Hedging the smirk[J]. Finance Research Letters, 2005, 2(4): 195-200.

[46]DIMITRIS PSYCHOYIOS, GEORGE SKIADOPOULOS, PANAYOTIS ALEXAKIS. A review of stochastic volatility processes: properties and implications [J]. The Journal of Risk Finance, 2003, 4(3): 43-59.

[47]DONALD LIEN. Cointegration and the optimal hedge ratio: the general case[J]. Quarterly Review of Economics and Finance, 2003, 44(5): 654-658.

[48] Donald Lien. A note on the hedging effectiveness of GARCH models[J]. International Review of Economics and Finance, 2007, 18(1): 110-112.

[49] DONALD LIEN. Estimation bias of futures hedging performance: a note[J]. Journal of Futures Markets, 2006, 26(8): 835-841.

[50] EMILE J BRINKMANN, RAMON RABINOVITCH. Regional limitations on the hedging effectiveness of natural gas futures[J]. The Energy Journal, 1995, 16(3): 113-124.

[51] E WAYNE NAFZIGER. Economic systems and state finance: the origins of the modern state in europe[J]. History: Reviews of New Books, 2010, 24(4): 176.

[52] EVERT WIPPLINGER. Jim Gatheral: the volatility surface, a practitioner's guide [J]. Financial Markets and Portfolio Management, 2008, 22(1): 93-94.

[53] FRIEND J K. The theory of storage[J]. Journal of the Operational Research Society, 1962, 13(1): 104-106.

[54] FARSHID JAMSHIDIAN. LIBOR and swap market models and measures [J]. Finance and Stochastics, 1997, 1(4): 293-330.

[55] LHABITANT F S, MARTINI C, REGHAI A. Pricing and hedging discount bond options in the presence of model risk[J]. Review of Finance, 2000, 4(1): 69-90.

[56] FEI CHEN, CHARLES SUTCLIFFE. Better cross hedges with composite hedging? Hedging equity portfolios using financial and commodity futures[J]. The European Journal of Finance, 2012, 18(6): 575-595.

[57] FRANKLIN R EDWARDS, MICHAEL S CANTER. The collapse of Metallgesellschaft: unhedgeable risks, poor hedging strategy, or just bad luck? [J]. Journal of Futures Markets, 1995, 15(3): 211-264.

[58] FIDELIO TATA. Regulation, economies of scale and credit ratings: a puzzle of declining market concentration in the OTC derivatives market [J]. Finance Research Letters, 2019, 29(C): 292-296.

[59] GURDIP BAKSHI, NIKUNJ KAPADIA. Delta-hedged gains and the negative market volatility risk premium[J]. The Review of Financial Studies,

2003, 16(2): 527-566.

[60] GIOT PIERRE, CAROL ALEXANDER. Market models: a guide to financial data analysis [J]. Journal of Financial Econometrics, 2003, 1(3): 471-473.

[61] GAY GERALD D. Options, futures, and other derivative securities [J]. The Journal of Finance, 1990, 45(1): 312-316.

[62] GEORGE A PHILIPS. Convertible bond markets [M]. London: Palgrave Macmillan, 1997.

[63] GIULIO CIFARELLI, GIOVANNA PALADINO. A dynamic model of hedging and speculation in the commodity futures markets [J]. Journal of Financial Markets, 2015(25): 1-15.

[64] ALEXANDER M G COX, SAM M KINSLEY. Robust hedging of options on a leveraged exchange traded fund [J]. The Annals of Applied Probability, 2019, 29(1): 531-576.

[65] PHILIPS GEORGE A. Convertible bond markets [M]. London: Palgrave Macmillan, 1997.

[66] HERBERT JOHN H. The relation of monthly spot to futures prices for natural gas [J]. Energy, 1993, 18(11): 1119-1124.

[67] HSIANG-TAI LEE, JONATHAN K YODER. A bivariate Markov regime switching GARCH approach to estimate time varying minimum variance hedge ratios [J]. Applied Economics, 2007, 39(10): 1253-1265.

[68] HILARY TILL. Case studies on the success or failure of futures contracts [J]. Journal of Governance and Regulation, 2015, 4(3): 30-47.

[69] HAFNER CHRISTIAN M, KYRIAKOPOULOU DIMITRA. Exponential-type GARCH models with linear-in-variance risk premium [J]. Journal of Business & Economic Statistics, 2021, 39(2): 589-603.

[70] I GYÖNGY. Mimicking the one-dimensional marginal distributions of processes having an ito differential [J]. Probability Theory and Related Fields, 1986, 71(4): 501-516.

[71] INGERSOLL JONATHAN E. A contingent-claims valuation of convertible securities [J]. Journal of Financial Economics, 1977, 4(3): 289-321.

[72] KIM IN JOON. The Analytic Valuation of American Options[J]. The Review of Financial Studies, 1990, 3(4): 547-572.

[73] ARNOLD TOM, TIMOTHY FALCON CRACK, ADAM SCHWARTZ. Implied binomial trees in excel without VBA[J]. Journal of Financial Education, 2006(32): 37-54.

[74] JAMES A OVERDAHL, H LEE MATTHEWS. The use of nymex options to forecast crude oil prices[J]. The Energy Journal, 1988, 9(4): 135-147.

[75] JENS CARSTEN JACKWERTH, MARK RUBINSTEIN. Recovering probability distributions from option prices[J]. The Journal of Finance, 1996, 51(5): 1611-1631.

[76] JOHN E PARSONS. The fundamentals underlying oil and natural gas derivative markets[J]. Annual Review of Financial Economics, 2017, 9(1): 283-300.

[77] JOHN M GEPPERT. A statistical model for the relationship between futures contract hedging effectiveness and investment horizon length[J]. Journal of Futures Markets, 1995, 15(5): 507-536.

[78] JASON LAWS, JOHN THOMPSON. Hedging effectiveness of stock index futures[J]. European Journal of Operational Research, 2004, 163(1): 177-191.

[79] KJELL G NYBORG. Convertible debt as delayed equity: forced versus voluntary conversion and the information role of call policy[J]. Journal of Financial Intermediation, 1995, 4(4): 358-395.

[80] KANDICE H KAHL, ROGER D RUTZ, JEANNE C SINQUEFIELD. The economics of performance margins in futures markets[J]. Journal of Futures Markets, 1985, 5(1): 103-112.

[81] KANG JANGKOO, KWON KYUNG YOON. Volatility-managed commodity futures portfolios[J]. Journal of Futures Markets, 2020, 41(2): 159-178.

[82] BROADIE, MARK, JEROME B DETEMPLE. Option pricing: valuation models and applications[J]. Management Science, 2004, 50(9):

1145-1177.

[83]KOUTMOS G, PERICLI A. Hedging GNMA mortgage-backed securities with T-note futures: dynamic versus static hedging[J]. Real Estate Economics, 1999, 27(2): 315-363.

[84]KRONER K F, SULTAN J. Time varying distribution and dynamic hedging with foreign currency futures[J]. Journal of Financial and Quantitative Analysis, 1993(28): 535-551.

[85]LYNN RIGGS, ESEN ONUR, DAVID REIFFEN, et al. Swap trading after Dodd Frank: evidencc from indcx CDS[J]. Journal of Financial Economics, 2020, 137(3): 857-886.

[86]LORENZO GENITO. Mandatory clearing: the infrastructural authority of central counterparty clearing houses in the OTC derivatives market[J]. Review of International Political Economy, 2019, 26(5): 938-962.

[87]LIU Bo, WANG Hongli, YANG Jinqiang. Dynamic financing and hedging under model uncertainty[J]. The European Journal of Finance, 2021, 27(8): 1-12.

[88] IBÁ Ñ EZ, ALFREDO, FERNANDO ZAPATERO. Monte Carlo valuation of American options through computation of the optimal exercise frontier [J]. The Journal of Financial and Quantitative Analysis , 2004, 39(2): 253-275.

[89]MIZUTANI, TANAKA, NAKAYAMA, et al. Structural reform of the electricity industry and economic growth [J]. Journal of Economic Policy Reform, 2020, 23(2): 1-25.

[90]MOHAMED BAKOUSH, ENRICO H GERDING, SIMON WOLFE. Margin requirements and systemic liquidity risk[J]. Journal of International Financial Markets, Institutions & Money, 2018(58): 78-95.

[91]MARCO AVELLANEDA, CRAIG FRIEDMAN, RICHARD HOLMES, et al. Calibrating volatility surfaces via relative-entropy minimization[J]. Applied Mathematical Finance, 1997, 4(1): 37-64.

[92]ALEXEY MEDVEDEV, OLIVIER SCAILLET. Approximation and calibration of short-term implied volatilities under jump-diffusion stochastic volatility

[J]. The Review of Financial Studies , 2007, 20(2): 427-459.

[93]PONLADESH POOMIMARS, JOHN CADLE, MICHAEL THEOBALD. Futures hedging using dynamic models of the variance/covariance structure[J]. Journal of Futures Markets, 2003, 23(3): 241-260.

[94]ASQUITH P. Convertible bonds are not called late[J]. Journal of Finance(Wiley-Blackwell), 1995, 50(4): 1275-1289.

[95]JACQUIER A, LORIG M. From characteristic functions to implied volatility expansions [J]. Advances in Applied Probability, 2015, 47 (3): 837-857.

[96]PETER CARR, HLYETTE GEMAN, DILIP B MADAN , et al. Self decomposability and option pricing[J]. Mathematical Finance, 2007, 17(1): 31-57.

[97] POLYCHRONIS MANOUSOPOULOS, MICHALIS MICHALOPOU - LOS. Term structure of interest rates estimation using rational Chebyshev functions [J]. Decisions in Economics and Finance, 2015, 38(2): 119-146.

[98] QUENTIN C CHU, WEN - LIANG GIDEON HSIEH, YIUMAN TSE. Price discovery on the S&P 500 index markets: an analysis of spot lndex, index futures, and SPDRs [J]. International Review of Financial Analysis, 1999, 8(1): 21-34.

[99] RICCARDO BRAMANTE, GIMMI DALLAGO, SILVIA FACCHINETTI. Black's model in a negative interest rate environment, with application to OTC derivatives [J]. Computational Management Science, 2022, 19 (2): 25-39.

[100]REFET S GÜRKAYNAK, BRIAN SACK, JONATHAN H WRIGHT. The U. S. treasury yield curve: 1961 to the present[J]. Journal of Monetary Economics, 2007, 54(8): 2291-2304.

[101]RICCARDO REBONATO, MARK JOSHI. A Joint empirical and theoretical investigation of the modes of deformation of swaption matrices: implications for model choice[J]. International Journal of Theoretical and Applied Finance, 2002, 5(7): 667-694.

[102] ROBERT JARROW, LI Haitao, ZHAO Feng. Interest rate caps

"Smile" too! But can the libor market models capture the smile? [J]. The Journal of Finance, 2007, 62(1): 345-382.

[103]ROBERT JENNINGS, DAVID GRAHAM. Systematic risk, dividend yield and the hedging performance of stock index futures[J]. Journal of Futures Markets, 1987, 7(1): 1-13.

[104]ROGER W LEE. Implied and local volatilities under stochastic volatility[J]. International Journal of Theoretical and Applied Finance, 2001, 4(1): 45-89.

[105]CHRISTOFFERSEN PETER, STEVEN HESTON, KRIS JACOBS. The shape and term structure of the index option smirk: why multifactor stochastic volatility models work so well[J]. Management Science, 2009, 55(12): 1914-1932.

[106]CARR PETER. Randomization and the American put[J]. The Review of Financial Studies, 1998, 11(3): 597-626.

[107]SERGIO H LENCE. The economic value of minimum-variance hedges [J]. American Journal of Agricultural Economics, 1995, 77(2): 353-364.

[108]KEMP M H D. Actuaries and derivatives[J]. British Actuarial Journal,1997, 3(1): 51-180.

[109]SOPHIE VAN HUELLEN. Price discovery in commodity futures and cash markets with heterogeneous agents[J]. Journal of International Money and Finance, 2019(95): 1-13.

[110]TORBEN G ANDERSEN, LUCA BENZONI, JESPER LUND. An empirical investigation of continuous-time equity return models[J]. The Journal of Finance, 2002, 57(3): 1239-1284.

[111]FIGLEWSKI STEPHEN. Hedging performance and basis risk in stock index futures[J] The Journal of Finance, 1984, 39(3): 657-669.

[112]TAE H PARK, LORNE N SWITZER. Bivariate GARCH estimation of the optimal hedge ratios for stock index futures: a note[J]. Journal of Futures Markets, 1995, 15(1): 61-67.

[113]TAUFIQ CHOUDHRY. The hedging effectiveness of constant and time-varying hedge ratios using three Pacific Basin stock futures[J]. International Review of Economics and Finance, 2003, 13(4): 371-385.

[114]TAUFIQ CHOUDHRY. Short-run deviations and optimal hedge ratio: evidence from stock futures[J]. Journal of Multinational Financial Management, 2003, 13(2): 171-192.

[115]TAE H PARK, LORNE N SWITZER. Time-varying distributions and the optimal hedge ratios for stock index futures[J]. Applied Financial Economics, 2011, 5(3): 131-137.

[116]TAKAHASHI A, KOBAYASHI T, NAKAGAWA N. Pricing convertible bonds with default risk: a duffie-singleton approach[J]. Journal of Fixed Income, 2001, 11(3): 12-29.

[117]LE-LE WANG, BAO-JUN BIAN. The pricing of perpetual convertible bond with credit risk[J]. Applied Mathematics: A Journal of Chinese Universities (Series B), 2010, 25(3): 277-290.

[118]VIEGAS CRISTINA, AZEVEDOPEREIRA JOS. A quasi-closed-form solution for the valuation of american put options[J]. International Journal of Financial Studies, 2020, 8(4): 62.

[119]VASICEK OLDRICH. An equilibrium characterization of the term structure[J]. Journal of Financial Economics, 1977, 5(2): 177-188.

[120]W DAVID WALLS. An econometric analysis of the market for natural gas futures[J]. The Energy Journal, 1995, 16(1): 71-83.

[121]WOLFGANG M SCHMIDT. Interest rate term structure modelling[J]. European Journal of Operational Research, 2011, 214(1): 1-14.

[122]YACINE AÏT-SAHALIA, ANDREW W LO. Nonparametric estimation of state-price densities implicit in financial asset prices[J]. The Journal of Finance, 1998, 53(2): 499-547.

[123]YU SHENG LAI. Estimation of the optimal futures hedge ratio for equity index portfolios using a realized beta generalized autoregressive conditional heteroskedasticity model[J]. Journal of Futures Markets, 2018, 38(11): 1-21.

[124]YUE KUEN KWOK. Game option models of convertible bonds: determinants of call policies[J]. Journal of Financial Engineering, 2014, 1(4): 1-19.